大学教育管理与教学创新研究

盛婧　蒋飞　刘姿钰　著

吉林人民出版社

图书在版编目（CIP）数据

大学教育管理与教学创新研究 / 盛婧，蒋飞，刘姿

钰著. —长春：吉林人民出版社，2023.10

ISBN 978-7-206-20511-8

Ⅰ. ①大… Ⅱ. ①盛… ②蒋… ③刘… Ⅲ. ①高等教

育—研究 Ⅳ. ①G64

中国国家版本馆 CIP 数据核字（2023）第 205938 号

大学教育管理与教学创新研究

DAXUE JIAOYU GUANLI YU JIAOXUE CHUANGXIN YANJIU

著　　者：盛　婧　蒋　飞　　刘姿钰

出版发行：吉林人民出版社（长春市人民大街 7548 号　邮政编码：130022）

责任编辑：张　影

助理编辑：张丹阳

印　　刷：吉林省海德堡印务有限公司

开　　本：787mm×1092mm　　　　　1/16

印　　张：9　　　　　　　　字　　数：170 千字

标准书号：ISBN 978-7-206-20511-8

版　　次：2024 年 4 月第 1 版　　　印　　次：2024 年 4 月第 1 次印刷

定　　价：58.00 元

前言

　　大学是我国教育教学活动开展的重要基地，是优秀社会人才培养的重要场所。随着我国教育教学改革的不断深入，我国各大学也越来越重视通过建立教育教学质量保障体系来规范本校的教育教学活动，进而为社会发展培养合格与优秀的人才。大学作为人才培养的摇篮，肩负着科学研究和创新等重要责任，而大学的教育管理工作又是联系大学教学过程各个环节的枢纽和桥梁，在大学教育活动中具有举足轻重的地位。虽然越来越多的大学已经认识到教育管理的重要性，但是由于种种原因，目前大学教育管理还存在一些问题，要想进一步提升教学质量，大学教育管理工作必须进行反思与创新。

　　培养具有创新精神和实践能力的人才是现代大学的根本任务，这就要求大学不断调整教学理念，转变传统的教学模式，以创造性教学为核心构建创新教育体系，在教学目标、教学内容、教学方式、教学评价等诸多环节进行全方位创新，培养和造就崇尚真知、追求真理且具有探索精神的创新型人才。

　　本书是大学教育管理与教学创新方向的著作。本书首先对大学教育管理进行概述，介绍了大学教育管理的目标、规律和原则，然后对大学教育课程管理、大学教师管理和大学生管理进行研究，之后对大学教育管理创新和大学教育教学创新实践进行分析，最后论述了高职教育教学信息化创新策略。

　　笔者在撰写本书的过程中参考了许多专家和学者的文献资料，在此致以诚挚的谢意。由于学识有限，书中不妥之处在所难免，还望读者指正。

目 录

第一章　大学教育管理概念

明确大学教育管理的目标，遵循大学教育管理的规律和坚持大学教育管理的基本原则，是实行大学教育管理的起点和前提。目标、规律和原则反映了一定的社会观和价值观。大学教育管理的目标、规律和原则渗透在管理工作的各个方面，贯穿于大学教育管理工作的全过程。

第一节　大学教育管理目标

一、目标及大学教育管理目标

（一）目标的含义和特性

目标就其词义来说，是指目的。具体来说，目标是指在一定环境条件下和一定范围内，个人、群体或组织以预测为基础，按一定的价值观，对自身行为所确立并争取达到的最终结果的标准、规格或状态。

目标是主观见之于客观的东西。一方面，目标集中反映人们的设想、愿望，体现其意识的主观能动性；另一方面，目标又超前反映未来的标准或状态，体现其存在预想的客观现实性。因此，目标总要使主观需要和客观可能保持一致。目标具有以下特性。

1. 未来的导向性

目标属于方向的范畴，为人们展现未来的经过努力可以达到的前景。目标是对未来的预测，是超前思维的产物，对人类的实践活动具有引导作用。任何组织、部门要提高其管理效能，都必须制定某种方向，维系和组织各个方面，以指引单位成员共同活动。只有使目标的影响渗透到各项工作中，才能达到鼓舞士气、增强凝聚力、提高工作效率和效益的目的。

2. 主客观的统一性

目标是由人所设想和确立的，是人对客观认识的反映。人对客观现实有了正确的认识，才可能制定出正确的目标。正确的目标，必然是主观设想和客观存在的统一。主观和客观的高度统一性，是保证目标正确性的前提和基础。

3. 社会的价值性

目标不是组织自身所能完全决定的，也不纯粹是个人意愿的表现。按照系统论的观点，任何组织都是社会中的或大或小的分子，其存在和活动的方式均受社会的制约。因而目标的确立必然反映社会的要求。这种基于客观现实、体现主观意志、反映社会要求的目标是人们认同的一种方向，一经确立，便具有使人们为之追求的价值。

4. 系统的层次性

目标不可能是单一的，各级目标纵横排列，形成了层次结构。一般来说，上一层次的实现目标的措施，成为下一层次的目标；达到下一层次的或局部的目标，是为了实现上一层次或总体的目标而服务的。高层次的目标往往从宏观角度出发，体现其战略性和概括性的特点；而低层次的目标往往从微观角度出发，反映出战术性和具体性的特点。

5. 过程的实践性

目标的实现是连续性和阶段性相统一的过程，也是完成主观走向客观的过程。这一过程归根结底是实践的过程，离开实践不可能制定出正确的目标，也就谈不上目标的实现。因为目标总是在认识—实践—再认识—再实践的过程中制定、调整和实现的。

(二) 大学教育管理目标的含义和规律

1. 大学教育管理目标的含义

大学教育管理目标是指大学教育主体根据实现大学教育目的的要求，对各项大学教育管理活动中管理对象在一定时期内所要达到的预想结果做出的标准规定。从根本讲，与大学教育的育人目的是完全一致的。随着大学教育改革的不断深入，大学教育与社会的经济、政治、文化等各个方面的联系日益密切。相应地，也日益承担起更多的社会职能。它需要面对各种各样的社会期望，尽力满足多方面对人才的需求，这就带来了大学教育管理目标的多样化。

2. 大学教育管理目标的规律和类型

大学教育既具有外部规律，又具有其内部规律。外部规律是指大学教育必然受到社会诸因素的制约和必须为社会的政治、经济和文化等方面服务的规律。内部规律是指大学教育必须遵循人的认知、成长和发展规律以及人才培养规律。

从外部规律和内部规律的划分方法出发，大学教育的管理目标可以划分为外部目标和内部目标。外部目标是反映大学教育社会功能的目标，即在经济发展和社会进步中所起作用的目标。内部目标则指反映大学教育活动状态的目标，如教育目的、要求、途径、质量、水平、条件保证等方面的目标。因而，外部目标可以说是功能性目标，内部目标则可以说是状态性目标。

外部目标体现在大学教育主管部门对教育活动的决策和控制上，内部目标则体现在大学教育实施部门对自身价值的追求上。

二、大学教育管理目标确立的意义

（一）目标是大学教育管理的出发点和行动依据

目标具有决定管理活动方向的作用。大学教育管理目标，决定大学教育管理活动的方向和任务，规定大学教育管理活动的内容，影响大学教育管理活动的途径和方法。大学教育管理活动的最终目的是有效地实现大学教育管理的目标。没有目标，大学教育管理就失去了方向和意义。大学教育管理活动的全过程应着眼于对目标的管理，大学教育的一切管理活动要围绕着实现大学教育管理目标这一根本任务。

（二）目标是增强大学教育管理者自觉性的重要手段

目标具有激励和鼓舞作用。做任何事都要注重效果，大学教育管理也不例外。虽然效果的取得受多种因素的影响，但人的自觉性和有效性是直接相关的。自觉性越高，有效性就越大。因此，只有使管理者明确大学教育管理的目标，才能使之形成自发的思考和积极的行为，进而产生热情和激情。

（三）目标是处理大学教育管理主客体矛盾的必要条件

目标具有修正、完善作用。目标既是预期可以达到的，也是需要经过一定的努力才能达到的。确立目标的全过程，也是分析和认识主客体矛盾的过程。实现管理目标的努力过程，也是发现矛盾、处理矛盾和最后解决矛盾的过程。

（四）目标是检验大学教育管理效果的依据

目标具有评估作用。检验大学教育管理的效果，不是看做了多少事情，而是要依据原来确定的大学教育管理目标检验实际管理活动的效果，做那些事倍功半的事情是与科学管理的要求相悖的。只有确立大学教育管理目标，才能检验其管理成效的高低和效果的大小，才能使大学教育的评估有章可循。

三、大学教育管理目标确立的依据

大学教育管理目标的确立，需要科学的依据。大学教育管理目标是整个大学教育发展目标的一部分，它的确立必然受制于大学教育发展的各方面的因素。大学所确立的教育管理目标，既要适应社会发展的外在要求，又要符合大学教育发展规律的内在需要，还要考虑大学教育管理对象的诸因素的不同状况。

（一）大学教育管理目标确立的社会发展依据

确立大学教育管理目标，必须把大学教育的发展放在整个社会发展中考察。当今社会，科学技术突飞猛进，综合国力竞争日趋激烈。为了迎接挑战，国家制定了科教兴国的战略，从而为大学教育的发展提供了良好的机遇。

人类社会的发展，至今经历了从原始社会向农业社会的第一次转变和从农业社会向工业社会的第二次转变。现在，人类社会正经历着从工业经济时代向知识经济时代的第三次转变。知识经济是以知识资源为第一生产要素的经济，是以高技术产业为支柱产业的经济，知识经济的基本要求和内在动力在于知识创新和技术创新。

就知识经济的整体发展水平来说，我国只有主动迎接知识经济的到来，正确实施科教兴国的发展战略，才能在国际竞争中争取主动。

迎接知识经济、实施科教兴国战略的主要对策有两点：一是建立国家知识创新和技术创新体系，使我国的科学技术有较大的发展。二是深化教育改革，积极培养具有创新能力的人才。

（二）大学教育管理目标确立的教育发展依据

实行大学教育管理，旨在为大学教育的改革和发展服务，最终实现大学教育目的。大学教育的发展离不开党的教育方针和政策的指导，大学教育管理应根据党的教育方针和政策目的要求来确定其目标。

现代大学教育的改革和发展要求人们必须关注和研究国际经济、科技的发展趋势，增强教育的开放意识，认真借鉴世界各国的有益经验，加快发展我国的大学教育事业。这要求大学教育管理目标的确立既要围绕国家和社会对大学教育发展的基本要求，又要体现管理理论上的科学性、管理理念上的时代性、管理实践上的高效性、管理内容上的切实性、管理过程上的目的性。

大学教育管理目标的确立如果缺少科学的管理思维，就不能使其目标合情合理、切实可行，就难以达到实行目标管理的目的。如果缺少时代特征，就不能使其目标符合大学教育改革与发展的要求，就有违大学教育管理的初衷。如果不能使其操作简便、明了、易行，就不易被管理的主客体双方接受，进而难以达到事半功倍的效果。如果其内容要求不切实际，不考虑各地、各层次、各类型大学的具体情况，就难以真正为大学教育的改革与发展服务。如果在实行其全过程的各阶段，要求不明确，就会形成操作中的盲目性，并且难以在实践中加以修正，就不可能达到最后目标的要求。

大学教育的改革和发展，旨在更快更好地实现大学教育的目的，这一目的集中反映在国家和社会对人才的需求上。只有以大学教育发展为依据，才能体现管理目标的确立为培养社会主义建设要求的人才服务。

（三）大学教育管理目标确立的工作目的物依据

大学教育管理对象包括人、财、物等多种类型，通常称之为管理工作的目的物。在人、财、物各类管理对象中，人是最为关键的，因为财和物的管理最终均是由人来实现的，从这层意义上来说，大学教育管理的对象主要是人。由于人的层次、素质和水平的差别，大学教育管理的具体目标有所不同。如果不依据大学教育管理对象的不同层次和具体情况，把目标定得过高或过低，都会影响大学教育管理工作的成效。

四、大学教育管理目标确立的模式

大学教育管理目标确立的模式包括理性模式、渐进模式和综合模式。

（一）管理目标确立的理性模式

理性模式主要的要求是切实，即目标的制定者根据完备的综合信息、客观的分析判断，针对许多备选的目标方案进行论证评估，排定优劣顺序，估计育人的成本效益，预测可能产生的影响，经比较之后选择最佳方案。这种模式是以理性的行为作为选择基准的。理性的行为是扩大目标成就的行为，是根据客观资料，确立目标手段的行为。

理性模式的最终目的是希望能够设计出一套程序，使管理者利用此程序，能够确立一个有最大净价值成效的合理目标。即以最小的代价，获取最大的成果。而具有最大净价值成效的目标，就是一项理性的目标。净价值成效是指目标所要求的效果大于其付出的价值。在这个意义上，理性和效率意义相同。效率是价值输入和价值输出的比例。

理性模式可以促进大学教育管理目标确立的合理性，使内容切实，要求适中，操作可行。然而，由于管理者的能力和掌握的知识有限，其目标的确立不可能完全满足理性化的要求，从而需要通过渐进的方式加以修正。

（二）管理目标确立的渐进模式

渐进模式的主要要求是调适（或修正），即运用边际调适科学的方法，以现行的目标为基础，通过时段的实践，再与其他方案相比较，然后决定哪些内容需加修改，以及应该增加哪些新的内容。

1. 渐进模式的内涵

第一，管理者不必试图建立与评估所有的目标方案，只需重点关注那些与现行目标有渐进性差异者即可。第二，管理者只需考虑有限的目标方案，而非所有备选方案。第三，管理者对每个方案只需论证几个可能产生的重要结果。第四，管理者面临的问题一直在被重新界定，注意要求—手段与手段—结果的调适，使过程的问题较易处理。第五，大学教育管理的问题尚缺乏最好的解决方案，需要在目标实行过程中发现问题和逐渐解决问题。第六，渐进模式具有补救性质，适合解决现实的与具体的问题，对目标趋势进行修正。第七，渐进模式在于边际的比较，根据边际效果进行抉择，并不全面考虑每一项计划或每一个方案，所确立目标的优劣情况取决于管理者态度一致的程度。

与理性模式相比较，渐进模式较接近实际的管理情况，模式的构架较为精致完美。就管理者的个性特征而言，渐进模式也比较可行。渐进模式受到对现行目标成效的满意程度、问题性质改变的程度、现有可选方法中新方法的数量等条件的限制。如果现行目标的成效不能令人满意，则渐进模式就无法适用。现行目标仍有成效，是采用渐进模式的基础。如果问题的性质发生变化，那么渐进模式也无法适用，现有方法中，新方法数量多，则使用渐进模式的可能性就减少了。

2. 渐进模式的应用

应用渐进模式须具备的条件：第一，现有目标的成效大体上能满足大学教育管理主客体双方的需要，从而使边际变迁在目标效果上能充分显示其新收获。第二，管理者所面对的问题在本质上必须是一致的，换言之，不同管理者对问题的看法基本是一致的。第三，管理者有效处理问题的方法须具有高度的共同性。

（三）管理目标确立的综合模式

综合模式是为了发扬理性模式和渐进模式之长，避二者之短而构造的一种控制模式。这种模式的主要要求是追求最优化。

广义上讲，凡是将两种或两种以上的模式进行有机结合的模式都可以称为综合模式。但是，在当代大学教育目标的确立过程中，几乎所有的综合模式都包含理性成分。因此，广义上的模式都是理性与其他模式的结合。鉴于综合模式的多样性，在这里仅列举规范最佳模式和综合模式两种。

1. 规范最佳模式

规范最佳模式吸收了理性模式的主要优点，此外，还把艺术的方法和规范科学的手段结合起来，如利用专家直觉、经验判断设计新的方案，进行各种可行性研究。在具体分析中，该模式还借用各种定性方法弥补诸多因素难以量化的不足。

管理者依据渐进模式检查现行目标及其执行情况，然后再利用各种目标分析的方法，与新目标进行比较并预测新方案的可能后果及期望值。规范最佳模式还把调适目标确立的质量、调适目标确立系统本身、提高目标确立参与者的个人素质、建立必要的机制、进行必要的培训等视为模式考虑的内容，将其包括到模式中来。

规范最佳模式首先基于对现行目标的检查和论证，从而吸收了渐进模式的优点，它又吸收了理性模式的操作性方法，这就保证了方案的相对最优化。规范性的含义在于有一套目标确立的程序，还表现在它有系统的思考，即把一般意义上的控制与目标确立系统的改进联系在一起，这样规范化模式就包含了渐进模式和理性模式中的合理成分，成为更富有实用价值的模式之一。

2. 综合模式

综合模式一方面应用理性模式，宏观审视一般的目标要素，分清主次，选取重点。另一方面，应用渐进模式探讨经过选择的重点，避免寻找所有可行的备选方案，也避免了对与目标无关的次要细节和次要方案的全面分析，这就克服了理性模式和渐进模式的不足。

综合模式在选定方案的审视方面，注重使用理性模式创造新方案，克服渐进模式的保守倾向。同时对重点问题、规格要求及主要的备选方案，则注意用渐进模式方法考察，注意与已有的目标进行比较，以拟定优化切合实际的具体方案，克服理性方法的不现实性。

与规范最佳模式一样，综合模式也提供了一个搜集、分析、利用有限资料的特定程序和资源分配的策略标准。与理性模式相比，综合模式缩小了考察范围，节约了大量的时间、精力和资源。与渐进模式相比，综合模式借助理性模式客观的方法对各种主要备选方案进行精细的调适，既提高了方案的可靠性，又给创新方案提供了机会。因此，综合模式更具体可行。

第二节 大学教育管理规律

研究大学教育管理，就必须认识和掌握大学教育管理的客观规律。由于大学教育管理是一门新学科，人们目前还没有科学准确地概括出它的基本规律，但有一些学者对此提出了富有启发性的见解，对大学教育管理规律做了初步探讨。

一、自然属性与社会属性相统一的规律

大学教育管理的自然属性，是指大学教育管理活动在本质上具有不因社会条件和时代背景而变化的稳定性；大学教育管理的社会属性，是指大学教育管理活动随社会形态的变化和历史发展过程中所形成的特殊个性而呈现不同特征的性质。

（一）大学教育管理的自然属性

1. 大学教育管理的普遍性

大学教育管理是普遍存在的，不论哪个国家、哪个历史时期，只要存在大学教育活动，就存在对培养高级专门人才的活动进行管理的必要。

2. 大学教育管理的共同性

大学教育管理在各个历史发展时期都具有明显的共同点，这些共同点不因国家的政治、经济、文化等差异而有所变更，也不因历史时期的变化而消失。

3. 大学教育管理的技术性

大学教育管理使用的技术和方法一般不受社会制度的影响，各国都可以相互借鉴、学习，使用先进的管理技术和手段，如计算机用于大学教育管理等。

（二）大学教育管理的社会属性

1. 大学教育管理具有历史继承性

在人类创造历史的过程中，因社会及自然环境不同而形成的各种地域文化在大学教育管理活动中留下了深深的烙印。这些印记在大学教育管理思想和管理信条上表现为不能超越一定的社会文化形态以及人们的社会心理状态，具有同源文化的国家和地区，在大学教育管理思想和管理哲学上具有很大的相似性，而非同源文化中所产生的大学教育管理思想和管理哲学就存在明显的差异。

2. 大学教育管理具有政治性

大学教育管理是与权利关系联系在一起的，大学教育的体制和有些制度、政策是社会制度和政策的一部分。大学教育管理必须也只能在一定的社会历史条件下和

一定的社会关系中进行，生产关系的性质不同，生产劳动的组合要素、结合方式不同，管理的社会性质也不同。大学教育体制、管理政策总是执行和巩固一定的生产关系，实现大学教育目的。

自然属性和社会属性是大学教育管理活动本身所具有的两种属性，二者处于矛盾统一体中。这两种属性统一于计划、组织、指挥、协调、控制等管理职能上，根本上统一于大学教育管理效益中。

二、封闭性与开放性相统一的规律

大学教育管理的封闭性，是指在大学教育管理过程中，根据大学教育管理的特殊矛盾而在大学教育系统内部自我运转和良性循环的性能；大学教育管理的开放性是指在大学教育管理过程中，根据大学教育管理的特殊矛盾而在大学教育系统与外界环境相互关系、互相作用中实现物质、能量、信息交换的性能。大学教育系统的"存在"与"发展"以及"必然"和"偶然"的矛盾统一是大学教育管理封闭性与开放性矛盾统一规律的两种典型的表现形态。大学教育的发展理论、权变理论和开放系统学说，都是以遵循这一规律为前提的。

（一）大学教育管理的封闭性

在大学教育系统内部，无论进行什么大学教育管理工作，首要的前提就是在相对独立、完整的大学教育系统内部，按照大学教育系统的特定目标进行优化组合，即在大学教育系统的"投入—加工—产出"的过程中构成一个相对封闭的系统。没有封闭性，大学教育系统就没有相对稳定的环境，任何对大学教育系统的分析及大学教育管理活动过程都不可能存在。这种封闭性是一种客观存在，是为了更好地进行大学教育管理的必然要求。

完全封闭的大学教育系统是不存在的，因为完全封闭就意味着与环境不进行任何物质、能量、信息的交换，这样的大学教育系统必然逐渐消亡，所以，大学教育系统和大学教育管理的封闭性又具有相对性。

（二）大学教育管理的开放性

大学教育系统，一方面受外界环境的制约和影响，另一方面又对环境施加影响，二者之间存在着物质、能量、信息的交换，这使得大学教育管理具有开放性。大学教育管理的开放性是实现大学教育系统整体特性功能目标的需要，是实现大学教育管理高效益的需要，也是大学教育系统存在和发展的物质基础和基本条件。

（三）大学教育管理的封闭性和开放性既对立又统一

1. 大学教育管理的封闭性和开放性是相对的

大学教育管理的封闭性的重点是强调大学教育管理系统目前的"存在"，这使得大学教育管理将人力、物力、财力放在目前"存在"上，影响发展，失去了取得更大效益的机会。大学教育管理的开放性则在大学教育管理系统的发展上，过分注意大学教育管理系统效益的最优化，忽视系统"存在"，这将导致大学教育管理系统的"存在"基础动摇。

2. 大学教育管理的封闭性和开放性又是统一的

大学教育管理的封闭是相对的封闭，是包含开放的封闭，并在开放的封闭中实现自身的优化和发展。大学教育管理的开放是在一定存在基础上的开放，这种开放只有依存于相对独立的、完整的大学教育管理系统，才能和社会环境进行物质、能量和信息的交流，从而建立起新的更能适应社会发展需要的大学教育管理系统。

三、学术管理与行政管理相统一的规律

大学教育管理离不开行政管理，如制定大学教育的规划，对人、财、物等资源进行分配和调控，对计划的执行进行检查督促，协调大学教育系统中的各方面使其正常运转等。但在大学教育管理中，学术管理也是很重要的方面，学术水平的高低、学术管理的成功与否，对大学教育管理的水平及其发展有重大影响。因此，在大学教育管理中必须坚持学术管理与行政管理相统一。学术管理和行政管理有以下几点不同。

（一）指导原则不同

学术管理中要坚持学术自由的原则，提倡百家争鸣，这是学术繁荣的基本条件。学术上的分歧要通过开展充分自由的讨论取得共识，不能由某个权威人物说了算，也不能采取少数服从多数，即所谓的学术民主方法。学术问题只能用学术标准评判，强调科学性，要用科学实验和论证、调查研究、同行专家评估的方法，而不能采用行政管理中行政决断的方法。行政管理中由于存在抓住机遇的问题，所以强调少数服从多数的原则，适时做出决断。但行政管理的重大决策，也要考虑其科学性、合理性，同时更强调要从实际出发，考虑其可行性，考虑它会产生什么影响和效果。

（二）采用方法不同

在学术管理中，由于学科、专业、任务不同，所运用的方法也就不同。因此，

学术管理不能采用统一的模式，应该是多样化的管理方式。管理文科和理科的方法不一样，管理专业课和基础课的方法也不相同。行政管理则强调统一，由于它强调从全局出发，发挥大学教育的整体功能，因此，往往采用集中划一的方式，用政策法令、规章制度等统一和协调大学教育管理的各方面工作。

（三）管理程序不同

学术事务的管理是依靠教授、专家实行民主管理。在我国很多大学，学术事务管理上的决策，都会邀请教授参与讨论。行政管理是贯彻执行上级指示和领导工作意图，是一种"科层式"管理，强调下级服从上级，从上到下逐级指挥和布置，层层贯彻执行。

大学教育管理中学术管理与行政管理虽然存在以上不同，但这些不同只是相对的，学术管理与行政管理往往是交织在一起的，很难分开。特别是随着大学教育日趋大众化，大学规模的扩大和内部结构的日益复杂化，大学教育管理的难度也逐渐加大，这必将促进行政管理的强化。因此，在大学教育管理中，要注意根据学术管理与行政管理的不同特点，采用不同的方法进行管理，并尽量协调好二者之间的关系。

四、过程管理和目标管理相统一的规律

探索管理活动的过程是管理科学的核心问题之一。管理过程是为实现管理目标执行一系列管理职能的动态过程和环节。只有管理活动按一定的程序，行使其基本职能，形成有序的管理过程和环节，才能顺利地实现管理目标。如果对管理过程缺乏综合分析，就难以揭示各部分管理工作的内在联系。

（一）过程管理

大学教育管理过程可以归纳为计划、执行、检查、总结四个环节。

"计划"是起始环节，统领整个管理过程。计划环节包括确定目标、制订若干方案、选择决策、拟定行动计划等。制订计划最主要的内容是确定管理目标。

"执行"是使计划付诸实施。执行环节是管理者在管理过程中实施组织、指挥、协调、控制等一系列管理职能，其内容包括建立机构，完善制度，组织人力、物力，指挥行动，协调关系，教育鼓励等。通过这些手段，协调人、财、物等各种要素的相互关系，使其效能充分显示出来，使计划得以实现，达到既定的目标。

"检查"是对执行的监督和加强。因此，检查环节和执行环节是结合在一起的，不是分阶段的。检查环节主要是实施管理的控制职能，其重要内容是建立反馈渠道

和机构，及时提供反馈信息，以保证计划所规定的目标的实现。检查还能检验计划的正确程度，必要时采取追踪决策，调整计划，修改或补充执行措施。

"总结"是终结环节，是对计划、执行、检查这三个环节的总检验，是用计划目标作为尺度对管理的全过程进行总评价，也为制订新的计划提供依据，起着承前启后的作用。

由此可见，管理目标统帅、指导着管理全过程，管理过程的各个环节都是为实现管理目标服务的。大学教育管理者在管理过程中，一定要保持清醒的头脑，时刻不忘管理目标，一切为实现管理目标而奋斗，如果成天忙于事务，把手段当成目标，就会迷失方向。

（二）目标管理

目标管理是运用目标指导管理过程的一种管理方法。具体内容如下：由管理者和被管理者根据组织的任务共同确定管理目标，包括把总目标分解为部门目标和各成员的个人目标；动员各部门和全体成员自觉地为实现各自的目标而努力工作；用管理目标检查工作的进度和评估工作的成效，根据成果实施奖惩。

大学教育管理过程还有难以控制的特点，原因有以下几点：

第一，学校教育工作的周期性长，管理效能具有滞后性，它的社会效益要在若干年以后才能显示出来。

第二，教师工作决定了其工作方式大多是个体劳动，具有很大的独立性，不像工厂生产物质产品那样按工序进行严格的分工。

第三，大学的"产品"（学生）很难定型化、标准化，培养学生的质量不易检验，而且学生还有很大的可塑性，学生的性格、思想、智能也各有差别，在管理过程中要注意因材施教，这也增加了控制的难度。

因此，大学教育管理要把过程管理和目标管理结合起来。

五、管理与服务相统一的规律

一般来讲，管理具有两方面的职能：一是协调和控制生产关系的职能，二是组织生产的职能。在管理实践中，这两方面的职能就是指管理与服务。二者虽有区别，但又密切联系、相互促进，是辩证统一的。服务工作做得好，有利于加强管理，而科学有效的管理本身就是很好的服务。

在大学教育管理中，必须注意根据大学教育的特点，处理好管理和服务的关系。要正确处理好大学教育管理中管理和服务的关系，关键是正确对待教育工作者，特别是大学中的教师。大学教师既是主要的管理对象，又是主要的服务对象。在大学中必须充分理解和尊重教师，因为办好大学，搞好教育管理，主要依靠教师。要尊重他们的人格和个性，理解他们具有个体的劳动方式、喜欢独立思考、遇事求真的思维习惯等特点，对他们的业务成绩要合理评价、充分肯定。

第三节　大学教育管理原则

一、大学教育管理原则确立的依据

原则是人们对客观规律的认识和反映，是指导人们观察和处理问题的准则。由于规律具有不以人的意志为转移的客观性，因此，作为客观规律反映的原则也应该具有一定的客观性。任何管理活动，总是自觉或不自觉地遵循着某种原则，这就是管理原则。为了使管理活动有效，管理原则必须符合客观规律，并随着社会的变化而发展。

大学教育管理原则是从事大学教育管理时应遵循的活动准则和基本要求。它是从大学教育管理的实践活动中总结提炼出来的，反映了大学教育管理活动的特殊性规律和特点。确立大学教育管理原则，既要借鉴现代管理的一般理论，又要充分考虑大学教育管理的特殊背景；既要追求理论上的相对完备性，又要强调对实际工作的指导意义。尤其要分析各原则是否涵盖，以及在多大程度上涵盖整个大学教育管理领域，从而给大学教育管理原则以科学、客观、合乎逻辑的定位。

（一）既要遵循一般管理活动的客观规律，又要遵循大学教育的客观规律

管理存在自身的规律，管理活动必须遵循这些规律。一般管理活动的规律就是管理各基本要素之间内在的本质的联系和管理过程的逻辑关系。现代行政管理学的理论和方法就是对行政管理活动一般规律的认识和反映。

行政管理思想经历了工业管理、人际关系、结构主义等发展阶段。教育管理在不同场合、不同程度上借鉴了行政管理思想。例如，人际关系理论注意到员工的积极参与、满意、合作以及士气与团体的凝聚力有可能使生产效率得到提高。这种思想也影响到教育行政管理人员寻找方法提高教师和学生的积极性和主动性，以期最大限度地发挥他们的创造力。

虽然一般的管理理论与方法对大学教育管理原则的确立有一定的借鉴意义，但管理活动不能脱离事物本身的发展规律。大学教育管理必须遵循大学教育的客观规

律，调节和协调大学教育活动中的各种关系，以保证大学教育目标和任务的实现。因此，认识和掌握大学教育的客观规律，是确立大学教育管理原则的客观依据。

大学教育的一般基本规律包括两个方面：一是大学教育与社会协调发展的规律，二是大学教育与受教育者身心全面发展相适应的规律。大学教育管理原则只有以这两个规律为前提，才能避免大学教育管理与大学教育工作者之间的对立和冲突，从而提高管理效益。与一般的管理活动相比，大学教育活动存在一些特殊规律，它们构成了这门学科专门的研究领域。

（二）大学教育管理活动的特殊性

对于管理对象核心——人的管理，大学与工厂不同。工厂管理者面对的是工人，工人生产的是没有意识的物品。大学教育管理者面对的是教师和学生。教师既是管理对象又是管理者，他们面对的是有意识的学生。学生既是被教师塑造的"产品"，又参与自身塑造，从这个意义上说，学生也是管理者。因此，大学教育管理中要充分调动教师和学生的积极性和主动性，并为他们创造有利于独立思考、自由发挥的条件和环境。

同时，由于教师和学生都是脑力劳动者，大学教育管理过程以知识为中介，有大量的学术问题，因此要注意行政管理与学术管理的统一。这也是大学教育管理的特殊性。

（三）大学教育管理原则的系统性

教育管理原则不应是随机的、零散的，而应构成一个系统，具有整体性、目的性和关联性。

大学教育管理原则体系的整体性在于，各原则围绕怎样提高大学教育管理效率这一目标，没有一条原则能脱离原则体系而存在。只有存在于原则体系中，每一条原则才有它的功能。而且，原则体系的功能是以整体功能而论的，而不以某一条原则的功能而论，原则体系的整体功能不等同于各条原则功能的简单相加。各条原则只有在原则体系整体功能目标（即提高大学教育管理效率）的指导下，以合理的方式相互联系在一起并充分发挥各自功能，才能保证原则体系整体功能的实现。

大学教育管理原则是从事大学教育管理时应遵循的行为准则和基本要求。大学教育管理原则体系的目的性在于，利用原则指导具体的大学教育管理实践活动，使管理活动更符合客观规律，从而提高大学教育管理效率。

大学教育管理原则体系的关联性是指涉及大学教育管理过程的各条原则应该相互依存、相互补充、相互制约。

二、大学教育管理的基本原则

大学教育管理的基本原则应该根据一般管理学的原理而提出，同时又特别适用于大学教育管理领域。它们必须全面、准确地反映大学教育管理活动的特点、本质与规律；它们在理论上是完备的，在实际工作中又是切实可行的，能覆盖整个大学教育管理活动领域，普遍有效地指导大学教育管理实践活动。根据对大学教育管理原则确立依据的分析，大学教育管理基本原则体系应该包括五个方面。

（一）大学教育管理的方向性原则

管理是一种有目的的活动，管理工作必然有方向。管理成效的大小，首先决定于方向是否正确。任何管理活动，其目的都是实现一定的管理目标。管理目标是管理活动的前提，管理目标体现管理的方向。教育是培养人的社会活动，就其本质来说，教育必须与一定的社会政治、经济相适应，并为其服务。不论什么社会性质的大学教育，培养什么样的人都是一个根本问题，是大学教育目标的核心，它集中体现了大学教育管理的方向。

1．要坚持社会主义方向

社会主义的大学教育管理，必须坚持社会主义方向。

我国作为社会主义国家，要求大学教育必须为社会主义建设培养建设者和接班人。要明确我国的大学教育是社会主义性质的，要为社会主义服务，坚持社会主义方向。

2．要坚持为社会主义经济建设服务

大学教育为社会主义现代化建设服务，根本任务是培养人才，主要是通过培养社会主义经济建设需要的人才来实现的，这称之为大学教育的服务方向。

大学教育要坚持社会主义方向，同时要服务于经济建设这个中心，主动适应经济社会发展的需要。这从两个角度规定了大学教育的办学方向，各有侧重，相辅相成，二者并不矛盾。

（二）大学教育管理的高效性原则

任何管理活动，其基本目的都是提高组织系统的效率和效益。管理效率和效益的关系，是与管理目标联系在一起的。目标正确，效率越高，效益越好；管理效益的大小就是在消耗一定的人力、物力、财力和时间等资源的条件下，实现管理目标的。

大学教育管理的高效性原则是大学教育管理本质的直接体现和具体化。它要求以一定的大学教育资源投入，培养和提供更多的合格高级专门人才和高水平的研究成果。或者说，培养和提供一定数量的合格人才和研究成果，投入的大学教育资源要求最少。

大学教育所产生的效益是多方面的，它既能促进生产力的发展，又是建设精神文明不可或缺的手段，是社会得以发展的重要条件。这些主要体现在提高劳动者素质和培养人才的数量和质量方面。同时，大学教育在发展科学技术文化方面的作用也是十分重要的。

大学教育是需要大量投入的事业，而发展大学教育的资源又是有限的，它靠社会提供，既受社会经济发展水平的制约，也受社会政治制度、管理体制和人们教育观念的制约。因此，大学教育管理既要注重经济效益，即以较少的投入培养更多的人才，注意节省人力、物力和财力，也要注重精神效益、社会效益，即坚持办学的方向，全面提高大学教育的质量。

（三）大学教育管理的整体性原则

大学教育管理整体性原则既决定于大学教育系统的整体性，又受制于培养高级专门人才的大学教育目的。大学教育管理的整体性原则可表述为：以培养人才为中心，科学地组织各方面的工作，并充分地考虑社会环境中诸因素的影响。

大学教育的根本任务是培养人才。培养人才不仅要组织好教学工作，还必须有思想教育工作、师资培养工作、科学研究工作、后勤管理工作等与之配合。除了培养人才的职能以外，大学还有开展科学研究的职能和直接为社会服务的职能。大学教育管理的目标和内容，不是单一的教育、教学活动的管理，而是包括教育、科学研究和直接为社会服务等活动的综合管理。不论是培养人才、开展科学研究和为社会服务，都与社会系统紧密相关，都必须与社会经济、政治、科学文化相适应，因此，必须把大学教育管理放在整个社会环境中考虑。

1. 大学教育管理要以培养人才为中心

第一，就政府对大学教育的宏观管理来说，首先要做好培养人才的决策和宏观控制，包括人才培养的预测规划、总体规模、发展速度、结构布局等，以及通过组织、计划、协调、立法、拨款、检查评估等手段，保证培养人才的数量和质量。

第二，就大学的管理来说，各部门的工作都要面向学生，教学和思想教育工作要遵循人才成长规律，科研、生产工作要与教学工作结合，后勤工作要为教学和科研服务，不能各自为政、各行其是。

2. 要处理好教学和科研的关系，使二者相互结合、相互促进

教学是大学培养人才的主要方式和基本途径。但是，不能把教学工作仅理解为课堂讲授。教学活动既包括通过课堂讲授，使学生学到间接知识，也包括指导学生获得直接知识和掌握学习方法。因此，教学是传授知识、发展智力、培养能力和形成良好思想品德的综合过程。

科学研究是培养人才的重要途径，把科学研究引入教学过程是大学教学过程的一个重要特点，它能给学生创造全面发展智能的环境和条件。学生通过参加科学研究能够有目的地、主动地学习，进行积极思维，在实践中发展各方面的能力，培养创新精神，还能养成严谨的治学态度、踏实的工作作风和团结合作的精神。科学研究能更好地促进师生之间教与学两方面的信息交流，使教师对学生了解得更深入、更具体，有利于实行因材施教，更好地发挥学生的特长和主动性。开展科学研究还能够提高学校教师的学术水平，充实和更新教学内容，改进教学方法，使教学质量不断提高。

因此，不应该把科学研究和教学对立起来，而应该使二者互相结合，互相促进。大学教学传授给学生的知识，是前人实践经验的系统总结。科学研究正是在已有知识的基础上探索和总结新的知识，进一步加深对客观世界规律性的认识。因此，从人们的认识活动来讲，只有开展科学研究，把生产实践和科学实验的成果总结成各种理论体系，使人们不断地获得新的知识和能力，才有可能进行各门学科和专业的教学。从这个意义来讲，科学研究是"源"，教学是"流"，科学研究总是走在教学的前面。在教学中给学生讲授的理论知识，并不需要也不应该要求教师都通过自己的研究实践进行总结和积累。但是，现代科学技术的发展日新月异，大学教师如果不通过开展科学研究，及时了解和掌握学科的最新动态和发展趋向，而仅停留于传授现成的书本知识，就不可能提高教育教学质量，培养出适应现代科学技术迅速发展和现代化建设需要的合格人才。

3. 发展科学技术文化，是大学的重要任务

随着现代科学技术日新月异的发展，高科技向现代生产力转化越来越快，高新技术产业在整个经济中的比重不断提高，科技在经济发展中的作用越来越大。21世纪是高新技术迅速发展的时代，我国改革开放和现代化建设进入承前启后、继往开来的关键时期，国家的经济建设和社会发展比以往任何时候都要更加倚重于科技进步。在这种形势下，大学应进一步加强科学研究工作。

4. 直接为社会服务也是现代大学的一项重要社会职能

大学的培养人才、开展科学研究、为社会服务这三项职能是互相联系、相辅相成的。开展各种形式的社会服务，有利于大学教学更好地理论联系实际，培养学生解决实际问题的能力，提高教学质量；有利于进一步发挥学校的潜力，充分调动教职工的积极性和主动性，通过有偿服务，为学校筹集一部分资金，以弥补办学经费之不足，用以改善办学条件和师生员工的生活条件。

但是，大学必须以培养人才为中心。衡量学校工作的根本标准是培养人才的质量和数量，绝不能只看经济收益的多少，搞短期行为，而不顾教学质量和学术水平。

因此，一定要处理好培养人才与直接为社会服务的关系。必须统筹兼顾，加强管理，对收益进行合理分配，从而调动各方面的积极性，特别是在教学第一线工作的教师的积极性。

(四) 大学教育管理的民主性原则

大学教育与社会发展相适应的规律决定了大学教育是开放的系统。大学教育发展的历史已经证明，追求科学与民主是大学教育的重大使命。追求科学，可保证大学教学、科研的生命活力；发扬民主则是追求科学的保障。

1. 民主性原则是由大学教育管理封闭性和开放性相统一的规律所决定的

要办好既封闭又开放的大学，不发扬民主、不调动师生员工的积极性和创造性是不能想象的。因此，大学进行重大决策时，必须发扬民主。

大学教育管理的民主性原则可以表述为：依靠广大职工和学生民主管理学校，动员社会力量参与大学教育管理。大学教育领域人才荟萃，学术思想活跃，大学教育管理工作必须注意充分体现学术自由的特点。大学的教学与科研，就其本质而言是学术活动，需要充分的思想自由，需要民主制度作保障。因此，对大学教育实行民主管理具有特殊的重要性。

就管理对象的特点来说，在大学，教师和学生既是管理对象，又是管理主体。教师和学生的特点，都是从事学术性很强的教学、研究和学习，是精神生产，主要靠自己独立钻研和探索。只有靠内在动力，也就是靠调动他们的积极性和主动性，才能完成管理目标。学校的培养目标、教学计划、教学大纲等要靠教师去实施，教学内容和教学方法的改革要靠教师自觉地去探索和实行；同时，也要激发学生的主动性，使其积极配合，自主地进行学习。

充分调动教师和学生的积极性，让教师和学生参与管理，这对于增强内聚力、增强对管理者的理解和信赖，以及及时改进管理措施和提高有效性，都有极大的好处。因此，大学要搞好管理，必须依靠教师发挥能动作用，同时，一切与学生的学习和生活有关的决策，还要注意听取学生的意见。

2. 管理好一所大学，需要很多学问

就大学工作的复杂性来说，在大学一般都设有许多专业和课程，有教学、科学研究、生产、思想教育、后勤以及校内校外关系等各方面的工作，有众多的人员，具有极大的复杂性。任何一所大学甚至一个系的领导都不可能完全懂得所设的各专业、各门课程和各方面的工作。从这个意义上来说，只有调动广大教职工的积极性，集思广益，共同管理，才有可能把学校办好。有关教学、科学研究、学科建设的重大决策，一定要注意听取和尊重教师特别是教授们的意见。教授在他们所从事的专业、学科领域里是专家，听取他们的意见，有助于保证有关决策的正确性；由于教授们在学术上的权威性，在师生中有较大影响，他们参与决策，更能够得到师生员工的拥护和信赖，有利于决策的实施；教授们的言行对学生有潜移默化的影响，让教授积极参与学校的民主管理，有利于培养学生的社会责任感。

就政府对大学教育的管理来说，由于大学教育有学术性强、专业学科门类多的特点，因此，要给大学学术自由和必要的办学自主权，避免过多的行政干预。大学还有多样化的特点，这是因为社会对大学教育的需求是多样化的，不同地区、不同条件和不同历史背景的学校有着不同的办学特色，这要求政府要使大学有办学自主权，以利于学校办出自己的特色，适应社会的不同需求。政府的作用是进行宏观调控和协调，为学校创造良好的环境和条件，通过财政的、政策的导向和法规的约束，引导学校主动发展。

3. 民主性原则要求制定决策民主化、执行决策民主化和评定决策执行结果民主化

大学教育管理中，决策工作要充分发扬民主精神，这种民主精神体现在让被管理者民主地参与决策过程，这样可以集思广益，提高决策的科学性，使之更切合实际。

管理者要随时了解和掌握决策的执行情况，在此基础上调整和改进决策的执行方案和方法。在这一过程中，不论是了解执行情况还是调整、改进执行的方案和方法，都离不开民主。管理者应该秉公办事，在处理公务时不应牟取私利，要尊重下属，虚心向他们求教，及时对方案和方法的执行情况进行调整和改进。

决策执行结果的评定，不仅关系到对本决策的制定者和执行者工作的评价，还

关系到下一个决策的制定和执行。评定工作贯彻民主原则有利于激发和强化决策者和执行者的工作热情，有利于发挥和发展他们的创造性，最终有利于大学教育管理效益的提高。

（五）大学教育管理的动态性原则

任何事物都是处于不断变革之中的。管理过程是一个不断发展变化的动态过程。管理对象内部诸要素是不断发展变化的，它们之间的关系也在不断发展变化着，管理系统的外部环境也是发展变化的。因此，管理过程的实质，就是根据管理对象和条件的变化与发展，对其相互关系做出相应的调整，以实现整体目标。

大学教育作为社会系统的一个子系统，与外部环境处于动态的相互作用之中。开放系统的一个特点是能够变化其内部子系统，以便对各种环境中的偶然事件做出反应。管理活动与管理对象、管理环境之间有着本质的、必然的联系。大学教育管理过程中要完成的任务、组织的结构、用来完成任务的技术和参与的人员都处于动态之中。

大学教育管理的动态性非常明显。随着现代科学技术的发展，社会对大学教育的需求在不断变化，社会给大学教育提出的条件也在不断地变化。大学教育要为社会服务，必须主动提高适应经济社会发展需要的能力。这就要求大学教育必须不断改革、创新。大学教育体制改革的目标，就是逐步建立使学校具有主动适应国民经济和社会发展需要的有效机制。就大学本身来说，学生每年有进有出，教师队伍也需要适时补充和调整，教学和科研的设备也在不断地更新。

因此，大学教育管理的动态性原则可表述为：通过不断的改革以主动适应经济和社会发展的需要。动态性原则要求人们做到以下几点：

第一，以发展的战略眼光看问题。任何事物都不是静止不变的。只有改革才能促进教育发展，教育要发展则必须不断进行改革。

第二，处理好变革与稳定的关系。既不能墨守成规、抱残守缺，坚持既成的体制和维持现状，也不能全盘否定以往的经验。

第三，要注意不能朝令夕改，尤其在大学教育改革方面要持慎重的态度。

大学教育管理的动态性，从根本上讲，是由大学教育必须与社会的政治、经济、科技、文化的要求相适应这一基本规律决定的。由于社会是不断发展的，大学教育也必须随着社会的政治、经济、科技的发展不断地改革，以适应社会发展的需要。大学教育管理对象和外部条件的这些变化，导致管理工作中不断出现的新情况，这需要管理者不断地总结新经验，解决新问题。

以上五条原则是大学教育管理的基本原则，是普遍适用的。方向性原则反映了我国大学教育管理的性质，从根本上确立了社会主义大学教育发展的大方向，规范了大学教育的培养目标；高效性原则指出了管理工作的本质特点和根本要求；整体性原则反映了管理工作的基本要求；民主性原则贯穿大学教育管理活动始终，为大学教育管理活动顺利进行提供了良好的氛围，保证管理工作有重要的动力；动态性原则指出完善管理工作的根本途径。它们相互制约、相互促进，共同指导大学教育管理的全部活动，构成了一个完整的原则体系。

第二章　大学教育课程管理

第一节　大学专业、课程建设与管理

一、专业建设研究与进展

（一）专业、学科的概念与内涵

1. 专业的概念与内涵

现代教育体系中对专业的定义有广义与特指之分。广义的专业是指知识的专门化领域，专业即某种职业不同于其他职业的一些特定的劳动特点。特指的专业即大学中的专业，是依据确定的培养目标设置于大学（及相应的教育机构）的教育基本单位或教育基本组织形式。专业是大学根据社会的分工需要而划分的学科门类。各专业都有独立的教学计划，以体现本专业的培养目标和要求。

由此可见，专业是大学培养人才的基本单位，它能够通过专门教育和训练，帮助学生获得专业知识与专业技能，从而使其为社会提供专业而有效的服务。专业是按照社会对不同领域和岗位的专门人才的需要来设置的。学科知识是构成专业的原料，不同领域的专门人才需要什么样的知识结构，专业就通过对相关的学科知识进行切块、组织来形成课程及一定的课程组合的方式来满足。专业以学科为依托，有时某个专业需要若干个学科支撑，有时某个学科又下设若干个专业。一个专业是由适用于其需要的若干学科中的部分内容构成，而不是由若干学科中的所有内容构成。

2. 学科的概念与内涵

学科从学术分类和教学分类两方面有不同的解释，具体如下。

第一，学术分类方面。学科是指一定科学领域或一门科学的分支，如物理学、生物学、教育学等。

第二，教学分类方面。学科是学校教学内容的基本单位，指为培养人才而设立的教学科目。通常意义上所讲的学科是指大学或科研机构为培养高级人才而设立的教学科目。大学是传授高深学问的场所，而各种不同的"学问"则以学科的形式出现，学科理所当然地成为承担大学职能的基本单元。在此，我们把大学学科定义为：大学学科是以知识分类为基础，以高深专门知识为学术活动的对象，承担大学职能的基本单元。

(二) 学科建设与专业建设

1. 学科建设和专业建设的内容

第一，学科建设的构成要素主要有学科带头人、学科梯队、科研课题、研究仪器设备、学科建设管理人员等；学科建设主要是学术梯队建设、研究设施建设、确定研究方向、争取研究项目，形成科学、合理的学科管理制度等，目标是取得更高水平的研究成果。学科建设的作用表现在五方面：一是学科水平决定一所大学的水平，是大学办学水平和综合实力最主要的体现；二是学科是人才吸引的强磁场，人才培养的沃土；三是学科对人的发展起着定向和规范的作用；四是学科建设是构筑大学核心竞争力的必由之路；五是学科建设是大学发展的平台，是大学人才培养、科学研究和社会服务三大社会功能的基础。

第二，专业建设的构成要素主要有教师、课程、教材、实验与教学管理人员等。专业建设主要是专业培养目标与培养方案的制订、专业教学手段与教学方法的改进、人才培养模式的改革、课程开发、教材建设、实验室与实习基地建设等。大学专业的划分是以学科分类为基础，与社会职业分工相适应的。专业建设的作用表现在三方面：①专业水平反映了学校本科人才培养的水平。②专业是学校培养学生传授技能的平台，反映学校学科水平。③专业建设是提高学生就业综合竞争力的重要途径。

2. 学科建设和专业建设的关系

大学进行学科建设必须搞清楚学科建设与专业建设的关系。原因之一是历来非研究型大学不重视学科建设，或对学科建设认识不清；原因之二是这些院校大部分学科的科学研究基础非常薄弱；原因之三是学科建设与专业建设关系问题在实践中凸显出来的时间不长。学科的划分遵循知识体系自身的逻辑，学科是相对稳定的知识体系。

学科建设是对相关学科点和学科体系的科学规划和重点建设，从而形成和提升人才培养与科学研究的综合实力。学科建设与专业建设密不可分，学科建设是基础，学科建设的成果可以作为专业建设的原料，但也可以有非专业建设的用途，可以直接为当地生产建设所用；专业建设是成果，中间通过课程这一桥梁来连接。市场对人才规格的要求的变化引起专业的调整，也是促进学科建设的动力之一。

（三）专业设置、调整优化与建设进展

专业设置是高等教育部门根据科学分工和产业结构的需要所设置的学科门类，是人才培养规格的一个重要标志和体现，大学学科专业结构调整和优化是高等教育支撑国家发展战略的迫切需要，具体实施如下。

第一，以社会需求为导向，合理设置学科专业，从国家经济社会发展对人才的实际需求出发，加大专业结构调整力度，根据科学技术发展的特点，紧密结合我国高等教育实际，研究建立适应国家经济与社会发展需要的专业设置和调整制度，制定指导性专业规范。

第二，要根据国家对各专业建设的要求，在进一步拓宽专业口径的基础上，大力倡导在高年级灵活设置专业方向。

第三，构建专业设置预测机制，定期发布各类专业人才的规模变化和供求情况，引导大学及时设置、调整专业和专业方向，为大学优化专业布局和调整人才培养结构提供指导；研究建立人才需求的监测预报制度，定期发布高等教育人才培养与经济社会需求状况，加强与社会用人单位的联系，培养满足国家经济社会需要的各种专门人才。

第四，大力加强本科专业建设，按照优势突出、特色鲜明、新兴交叉、社会急需的原则，引导各级各类大学发挥自身优势，大力培育优势明显、特色鲜明的本科专业，加大建设力度，逐步形成专业品牌和特色。

第五，积极探索专业评估制度改革，重点推进工程技术、医学等领域的专业认证试点工作，逐步建立适应职业制度需要的专业认证体系。

第六，设置新的本科专业时，要进行科学论证，严格履行必要程序，充分考虑职业岗位和人才需求。所设专业要有成熟的学科支撑，符合学校的办学目标和办学定位，拥有相配套的师资条件、教学条件和图书资料等。大学要对新设置的专业投入必需的开办经费，并加强对新设置专业的建设和管理。

（四）专业设置与调整管理规定

1. 专业设置基本条件

大学设置专业必须具备符合学校办学定位和发展规划，有相关学科专业为依托，有稳定的社会人才需求，有科学、规范的专业人才培养方案，有完成专业人才培养方案所必需的专职教师队伍及教辅人员，具备开办专业所必需的经费、教学用房、图书资料、仪器设备、实习基地等办学条件，有保障专业可持续发展的相关制度等基本条件。

2. 专业设置制度

专业设置和调整仍然采取自下而上的"申报—审批—备案"制度，审批和备案工作每年实行一次。教育部设立了专门的普通高等学校本科专业设置与服务平台作为专业公共信息服务与管理平台。

(五) 典型专业建设与管理

1. "特色专业"建设与管理

按照优势突出、特色鲜明、新兴交叉、社会急需的原则，择优选择和重点建设特色专业点，引导各级各类大学发挥自身优势，努力办出特色。

2. 特色专业建设的重点内容

特色专业是指在办学理念、人才培养模式、专业教学内容及教学手段等方面具有显著特色的专业。特色专业所培养的学生比一般专业人才具有更加突出的人文素养、专业能力；有独立、个性化的人才培养方案，较高的学术声誉与较大的社会影响。

特色专业的建设目标是培养专业素养突出的高素质人才，重点从专业建设与专业发展理念、人才培养目标、专业课程体系构建、实践能力培育、师资队伍及教学管理等方面进行。

(1) 专业建设观念的建设要点

特色专业的建设与发展要充分体现专业指导思想的科学性，使人才的培养更具有社会适用性，创新与改革特色专业建设观念，把特色专业建设与学校生存与发展紧密结合起来。

(2) 人才培养方案的建设要点

特色专业建设的核心内容、重点与难点是人才培养方案的制订与优化，人才培养方案涵盖课程体系、教学内容、教学方式、实践教学环节等。特色专业建设过程中，重点要在加强相关产业和领域发展趋势和人才需求研究的基础上，建立有效的合作机制，吸引产业、行业和用人单位共同研究课程计划，制订与生产实践、社会发展需要相结合的培养方案和课程体系。合理确定基础课程与专业课程、必修课程与选修课程、理论教学与实践教学的比例，课程体系结构合理，特色鲜明，可操作性强。

(3) 课程体系的建设要点

教学内容设置服务于产业、行业与用人单位的需求，体现知识、能力、素质的要求，真正引入行业、产业发展所需的新知识、新技术。改革教材建设，更新教材体系与内容，利用现代信息技术开发与课程体系、教学内容相匹配或对教学内容进行补充的立体化教材，尤其是把行业、企业的先进技术引入教材建设内容；引进和使用国外优秀教材，拓宽学生视野，增强学生的国际竞争力。

改革教学方法与手段，突破以知识传授为中心的传统教学模式，探索以能力培养为主的教学模式，采用启发式、探究式、研究性教学方法，保证培养计划的顺利实施。

（4）实践教学的建设要点

特色专业建设要强化实践教学建设与改革，改革创新实验教学内容和教学方法，构建基础实验、综合性实验、创新性实验、研究性实验相结合的实验教学体系。科研与教学相融合，探索项目式研究带动教学的新模式，将教师的科研成果与研究思维注入实验教学，扩展学生的知识视野，增强团队协作精神，培养科学思维方法，提高实践动手能力。

改善实验教学环境与条件，加大相关学科实验室和研究项目等资源向大学生开放的力度，吸收学生参与科学研究；第一批特色专业建设点保证教学计划内各类实践教学活动累计时间不少于半年，其他批次特色专业建设点要逐步增加；有效设计生产实习、社会实践、科研训练、毕业实习、毕业设计（论文）等环节，积极探索"产学研"有效结合的模式，建立学生到工厂、企业、社会等实践教学基地开展实践实习的有效机制及学校、用人单位和行业部门共同参与的学生考核评价机制。

（5）师资队伍的建设要点

建设一支以学术带头人为骨干，教学和科研综合水平高、结构合理的师资队伍；要有高水平的科研基础，特色专业的建设要求科研与教学有机结合，科研促教学改革，教学促科研水平的再提高，特色专业建设是将科研与教学有机结合的最好途径。

改革教师培养和使用机制，完善校内专任教师到相关产业和领域一线学习交流、相关产业和领域的人员到学校兼职授课的制度，形成交流培训、合作讲学、兼职任教等形式多样的教师成长机制，组建一支了解社会需求、教学经验丰富、热爱教学工作的高水平专兼结合的教师队伍。

（6）教学管理制度的建设要点

保证调动教师参与教学积极性的政策措施，一方面吸引和保证高水平教师从事教学工作，另一方面鼓励和支持骨干教师与相关企业进行合作、交流和学习。建立支持大学生参与科研创新实践活动的有效机制，充分调动教师指导学生和学生自主参与科研的双向积极性。建立学生深入社会开展实践活动的长效机制，形成教学、科研和社会实践有机结合的人才培养模式。

构建教学质量保障体系与评估机制，紧密结合专业特点及行业发展实际，建立学校、行业部门和用人单位共同参与的学生考核评价机制。

二、课程建设研究与进展

课程是最基本的教学元素，是学生接触最直接、受益最全面的教学单元。通过课程的学习，学生不仅获得知识和技能，同时形成特定的人格。课程的质量直接影响着人才培养的质量。在专业建设、师资队伍建设、实验室建设和课程建设等教学基本建设中，课程建设处于核心地位。课程建设作为高等院校教学建设中的基础性建设，是一个动态的、系统的管理过程。包括教学大纲、教学方案、教材及教学条件等完成传授知识的载体与条件，教学文件、教学环节、教学管理状态等完成传授知识的教学工作状态，以及师资队伍等知识的传授者。大学的课程建设可概括为：以师资队伍建设为中心，以教学材料建设为依据，以教学设备建设为保证，以改革教学体系和内容为关键，以教学方法和教学管理科学化为手段，以全面提高教学质量为目的的一项系统工程。课程建设的任务是根据现有条件和课程现状，逐步完善课程的各相关要素，强化知识传授和能力培养系统。课程建设将相应地促进师资、教材、条件、管理、手段和方法的改革。

作为学校教学建设的核心内容，课程建设目标的实现主要体现在能否建设一支高水平的师资队伍，能否培育出高素质的创新型人才，能否创造出高水平的教学和科研成果，以及是否有与课程建设相配套的高效、科学的教学管理体制和激励机制等。课程建设的质量高低对于建立学生合理的知识结构、能力结构和创新精神具有十分重要的意义。

第二节　大学课程考试管理创新

一、大学课程考试管理概述

考试的概念有广义和狭义之分，本书的"考试"是狭义的考试，即由主试者根据一定的社会要求，在一定的场所，采取一定的方式方法，选择适当的内容，对应试者的德、学、才、识、体诸方面或某方面所进行的有组织、有目的的测度或甄别活动。因其性质、目的、内容、方法、手段的不同，考试可分为众多类型，如根据目的的不同，考试可以分为配置性考试、形成性考试、总结性考试和选拔性考试，课程考试就包含了其中的形成性考试和总结性考试。形成性考试是在教学过程中进行的各种测试，主要目的是了解教学效果，及时发现教学过程中存在的问题，以便改进，并为平时成绩的评定提供依据。总结性考试是在课程结束后进行的，主要目的是督促学生全面系统地复习，并对学生的学习效果和教师的教学效果做出评价。

大学课程考试是指大学内部根据课程教学目标的要求和大学教育目标的具体规定，自行主持实施的考试活动，包括平时测评和学期考试。其基本任务是检测学生的学习成绩，督促学生学习，发现教学中存在的问题。其目的在于掌握大学的教学情况，改进教学和督促大学教育目标的实现。其功能可归结为下述五种：第一，检查测评功能，即检查和评定学生对课程大纲所规定的基本知识、基本原理的掌握程度。考评和检测学生运用所学的基础理论在实践过程中分析问题、解决问题的能力、创造力和潜力。第二，导向功能，即发挥"指挥棒"作用。通过对考试内容、考试形式的合理安排，引导学生正确学习，使学生达到预定的培养目标；通过严密的考试规程，考试结果的客观评价和公正使用，能培养受教育者务实求真、遵规守纪、崇尚科学的习惯，增强行为主体的责任感、公德意识。第三，激励功能。考试作为一种检查学生学习效果的手段有着反馈作用，而反馈结果又对学生起着激励作用，考试结果可以反映学生的知识掌握程度和能力发展情况，以及所存在的问题。此外，考试作为一种检查教学成果的手段，对教师有着激励作用。考试结果反映学生的学习情况，而学习情况又反映了教师的教学投入、教学内容、教学方法和总体教学水平，教师可通过考试结果总结发现自身的薄弱环节。第四，鉴定功能。教育管理部门通过对考试结果的分析、认可后，依据有关规定，对学生、教师和教学管理人员进行鉴别，以区别优劣，进行奖赏。第五，系统整合功能。由于学生平时学习时节奏较慢，各知识之间难以做到全面领会，而考试来临之际，学生已完整地学过一门课程理论，他们可以将所学的基本知识和基本技能进行系统、全面的归纳、整理，进一步地将各部分所学的内容有机联系起来，以达到融会贯通。学生的归纳综合能力、思维能力、创造能力和自悟能力在这一过程中可以得到全面系统的综合发展。考试功效的实现是需要一定条件的，离开了一定的条件，考试功效非但不能实现，甚至还会严重地扭曲。那么，这一定的条件是什么呢？它就是量尺标准、实施规范、结果真实和使用公正，其中任何一方面出现偏误，都将影响考试功效的正常发挥，而这些条件的创设，就必须依靠严密科学的考试管理。

考试管理是以考试活动为对象，以提高考试活动效率、实现考试活动预期目标为目的的专门性的管理活动。大学课程考试管理则是以大学课程考试为对象，以提高考试活动效率，检测教师课堂教学质量，发现教学中存在的问题，充分评估学生的学习效果和学习创造能力为目的的管理活动。严密科学的考试管理具有以下功能。

（一）维护考试的权威

现代社会中的各种考试都有其特定的目的，正因为如此，无论什么考试，其程序、内容、方法一旦确定，不管是对于考试的组织者还是考试的参加者，都必须受到考纪考规的约束，而通过考试所获得的结果，都有法定的或公认的功用和社会价值，这就是考试的权威。任何一种权威的建立和维护，都离不开一定的条件，那么，建立和维护考试权威的条件是什么？它就是考试的各种规章制度，它是对考试活动全过程的管理。考试管理是保证考试预期目标能够得以实现的条件，即对一切有可能影响、阻碍考试预期目标实现的行为予以劝告、制止直至强行控制的活动。科学而有效的考试管理可以保证考试活动能在公平、公正的环境中进行，加上考试结果的采用同样公平、公正，就会获得学生对课程考试的认可，并积极地参与考试且自觉地维护考试的规章制度。

（二）实现考试的功效

任何社会活动功效的实现都离不开一定的条件，考试活动不但是一种社会活动，而且是一种特殊的社会活动，只有具备了一定的条件，考试功效才能实现，而这些条件的创设，必须依靠严密科学的考试管理，把考试活动的全过程置于有效的控制之中。同时，这种控制必须是全方位的。所谓全方位，是指考试活动全过程的每一个方面和每一个环节都必须有严密的控制措施。从考试的各个环节来看，无论哪个环节出现问题，都会给考试的功能造成危害。考试成绩失真，就不能发挥其检查教学效果的作用，不能使学生比较真实地了解自身在科学文化知识以及技能等方面的优势与劣势。考试前后出现的问题，如考场设置、考试质量分析等，有时看上去是小事，但如不及时纠正，任其发展，对勤奋学习者是压抑，对投机取巧者是一种放纵，从而不能实现考试功效。

（三）树立踏实进取的学风

学风是治学之风尚、立校之根本，它是靠广大师生员工在科学研究、思想教育、行政管理和后勤服务等工作中共同努力建立起来的一种治学态度。因此，学风问题是大学工作中的一项重要的基础建设，是大学教育中一个不可忽视的问题。首先，良好的考风和学风具有很强的感染作用。学风是一种精神力量，它可以被感知、效仿、传播和宣传，从而形成强大的心理影响力和群体舆论，感染并熏陶每一位师生，而且对不适应者形成压力，使个体行为逐步适应群体行为。其次，良好的学风具有激励作用和良好的导向作用。多数学生的良好学风对少数学生的不良学风是一种示范和鞭策，促使具有不良学风的学生接受这种行为准则。同时，当坚持良好学风的个人受到大学的表彰时，学生会因之受到很大鼓舞，甚至将这种学风内在化，成为个人治学和成才的座右铭及行为准则。严密科学的考试管理可以帮助学生形成正确的是非观，是非观是人们思想道德和行为的基础。如果在考试管理中法纪严明，不仅可防止或减少违法、违纪现象的发生，还会引导学生对考纪考规的重要性、严肃性形成正确、明晰的认识，逐步养成遵纪守法的习惯，增强法律意识，有利于消除投机取巧的病态心理，树立踏实进取的学风。可见，严格考试管理是促进学风建设的一个重要环节。

二、大学课程考试遵循的原则和管理运行条件

（一）大学课程考试应遵循的基本原则

课程考试是教学过程中十分重要的环节，它不仅要完成对学生在经历一个教学过程后学习情况的评价任务，而且还要检查教师的教学效果与水平，诊断教学中存在的问题，反馈教与学过程中的各种信息，进而发挥促进教学改革的作用，它所特有的检查测评、导向、激励、鉴定和系统整合五大功能是其他教学环节所不能替代的。大学课程考试必须适应社会发展的需要，必须适应被考者的身心发展水平，必须有利于促进和客观评价学生综合运用所学知识解决实际问题的能力，必须有利于提高教师教学水平，以保证不断提高人才培养的质量。考试原则是从事考试活动、处理各种考试问题、规范考试行为所必须遵循的基本原则。高等教育学会对大学考试设定了九条原则：①考试应以教育价值为出发点；②考试的成效体现在如何尽可能地把学习的多维性、综合性和实用性反映出来；③考试要关注结果，但同时也要关注产生结果的过程；④考试只有在其力求改进的项目上有清晰、明确的目的时，才能最好地发挥作用；⑤考试只有在持续而一贯的体系下才能最好地发挥作用；⑥考试只有在来自教育界人士广泛参与的情况下才能获得更广泛实质的改进效果；⑦考试只有以人们真正关心的问题或需要为出发点并阐明问题才有作用；⑧当考试成为促进教育改革大环境下的组成要件时，它可能引发教育变革；⑨通过考试，教

育者向学生和公众尽责。

课程考试管理是一项基本的教学管理，是保证考试的公正性与客观性，正确发挥考试功效，促进教学工作的关键环节之一。考试管理质量直接关系教风、学风的建设和教学质量的提高，是衡量大学办学水平、管理水平的重要标志。加强大学课程考试管理应遵循以下原则。

1. 方向性原则

考试管理是管理者根据既定考试目标要求，运用适当的程序、方法、手段及行为规范，合理调配人力、财力、物力、信息等资源，对考试活动实行有效控制，以实现共同目标的一种社会活动过程。考试管理既因一定管理目标的需求而启动，又以实现预定目标为归宿，其管理过程的产生与形成均以一定的管理目标为先决条件，而目标本身又要体现出一定的方向；目标的正确与否要以所引导的方向是否正确为衡量的标准。因此，科学的考试管理必须坚持方向性原则。

2. 科学性原则

科学性原则是指运用现代管理理论、教育测量与评价理论、教育管理理论、心理学理论等作为充分的科学依据，使考试管理活动具有可靠性、可信度，并采用科学的考试管理方法、成熟的管理经验，使考试管理活动行之有效，以利于实现预期的管理目标。

3. 公正原则

考试管理公正与否，关系到考试的权威性，反映的是校风考风的建设程度，而且，考试直接关系到被试者的切身利益，直接影响被试者的心理，影响着个体对社会的态度。因此，我们要积极地创造条件使考试尽量接近公正。

4. 系统原则

系统是指由相互联系、相互作用的若干组成部分构成的有机整体，这个整体具有其各个组成部分所没有的新的性质和功能，并和一定的环境发生交互作用。考试管理是一项系统工程，它包括教学管理工作、德育工作、后勤保障工作等方面，涉及教学系部、学生处、党团组织、总务、保卫等部门。教学管理部门要妥善安排，使考试工作井然有序地进行。

（二）大学课程考试管理运行条件

考试管理，其目的在于维护考试的标准规范，维持考试实际运作与计划方案相一致，使考试沿着预先设定的轨道运行，同时对不切实际的计划予以及时调整，纠正运行过程中出现的偏差，矫正反馈信息中不确切的数据或结论，保证考试结果的真实性，并从中分析成功与失败的原因，探明修正的途径，通过反馈给新的考试运行提供理论及实践的依据。将考试目的从观念形态转化为现实形态，大学课程考试管理的正常运转应具备以下条件。

1. 健全的考试组织机构

若无健全的考试组织机构，自然也就谈不上深入开展考试实践中相关问题的研究，要不断更新、完善考试的理论，用以指导新的考试实践，进而强化考试并主动适应社会发展需求的能力，使之正确发挥功能。考试组织是考试队伍的依附体，考试组织不健全，就不可能形成稳定的专业考试队伍，整个考试的设计、实施与管理必然是临时拼凑的，量尺标准、实施规范、结果真实的施考目标就难以企及。

2. 素质优良的考试管理队伍

一切先进的控制技术设备，各类考试行为规范，各项工作标准都有赖于高素质的控制者通过对人的有效控制充分发挥其作用，进而给考试运行以积极的影响。培养和造就一支高素质的考试管理队伍是保证考试质量，提高考试效率和效益的需要。参考考试管理系统的运行环节，考试管理队伍可以划分为考试行政队伍、考试业务队伍、考试科研队伍三类。

考试行政队伍是考试队伍中常规性的人员配置组合，它包括大学、职能部门及教学单位的领导者和一般行政工作人员。考试行政队伍的职责是负责考试管理机构各项职能活动的顺利进行和考试管理目的的有效实现。

如果说考试行政队伍的建设是源于加强考试活动外部组织管理的要求，那么，考试业务队伍的建设则是出于考试流程内部运行的要求。考试活动是一个动态的运行过程，其流程要经过命题、施测、评卷等依次相连的环节，各个环节都事关考试的质量。以命题队伍为例，倘若命题人员不能把人才评价标准准确体现于测试内容和目标中，作为充当测试工具的试卷就失去了效用，考试活动的效果、价值也就无从谈起。

考试科研队伍是伴随着现代考试改革和发展的深入而日益显示重要性的一支必不可少的考试队伍，其职责是结合大学教育教学实际，重点研究课程考试的理论与实践问题，从而为大学的考试活动提供理论指导。大学课程考试时间的非经常性决定了考试管理队伍的非专职性，也就是说，他们基本上都是兼职考管人员。应该特别指出的是，为了保证课程考试质量的不断提高，非专职性的考试管理队伍应该具有专业性的水平。

3. 健全的考试规范、严密的考试程序和科学的考试控制标准

健全的考试规范、严密的考试程序和科学的考试控制标准是实行考试控制的依据和准则，是引导考试运行方向、防止考试运行偏离预定轨道的保障措施，同时，也是维护考试权威性、公正性的必要条件。所谓考试规范，亦即考试运行的规程和参与考试活动各类人员的行为准则，是控制考试运行的直接依据，一般包括考务规程、命题细则、监考守则、考场规则、评卷实施细则、考试信息管理规定、保密规定、违纪处罚规定等。严密的考试程序是指从考试命题、实施到评价、分析、反馈、考场编排、各类工作人员配置等各个环节都要严格要求，注重考试的整个过程。科学的考试控制标准包含：时间标准，如命题制卷、考场设置、施测、阅卷评分、考试结果分析处理等的起止时限要求；数量标准，如考点设置、考场编排、试卷长度和满分值、试卷印制与分装、施测环节各类工作人员配备、阅卷人员及所需设备配置的数量规定等；质量标准，如考号及考场编排的科学性，考点、考场设置的规范性，各类人员配置的合理性，施测控制的严密性，试题编审和试卷印制的合格率，试卷分装的标准性，评分、计分、登分、核分的准确率或差错率以及考试成绩的可靠性、有效性和公正性等。

4. 良好的信息传输与反馈机制

倘若没有确切的信息反馈、科学的统计方法和先进的技术手段，就谈不上对考试流程进行富有实效的控制。从整个考试的过程来看，考试质量分析是信息反馈的主要途径，应该根据考试结果为学生提供反馈，以检查教学目标的实现情况，检查教学措施的实施效果，发现教与学两方面存在的问题，从而改进教学工作。研究表明，运用反馈以增加学生课堂反应数量和提高学生课堂反应质量的教学，对促进大学生批判能力的发展有一定作用。从教师自身而言，在试题反馈分析的过程中，能够及时收集来自学生的真实信息，是一次向学生学习和自我学习的过程，通过试题反馈分析，教师不仅了解了学生的学习需求与希望，看到了命题中需要改进的问题，还能从这一教学情境中获得许多启示和感悟，通过与学生交流，促进教学反思，在反思中学习，在反思中丰富教学经验，从而提高教学能力。从教学管理的角度而言，组织试题反馈分析的过程就是检查、反思、总结、促进教学相长的过程，它为今后命题、考试、评价等诸方面教学管理工作积累了宝贵的经验，同时也为教学双方提供了一个平等、真诚的教学交流和情感互动的平台，对师生双方都起到了积极的促进作用。通过考试的质量分析，能够使考试决策层及时客观地了解考试的情况，从而对考试活动中出现的种种偏差进行分析，以探明造成考试偏差的原因，

并进行调节和控制。良好的信息传输与反馈是保证考试决策正确的重要依据，也是促使考试走向科学化的必要措施。

三、大学课程考试管理改革的对策

大学课程考试管理是一个由多因素组成的相互制约、相互促进的封闭的动态系统，因此，改革大学课程考试管理应该坚持系统论的观点和方法。

（一）推进考试观念的深层次转变

思想观念是行动的先导，"欲革新，先革心"。由此可见，转变大学领导、教师、管理人员乃至学生对于课程考试的观念，是推进大学课程考试改革的前提和基础。关于考试观念的转变，必须解决以下三个问题：首先，必须正确认识考试在人才培养中的作用与地位。其次，到目前为止，大学从领导到教师再到一般教管人员虽然对此有所认识，但在实际工作中并未重视其作用的发挥，或基本没有研究过如何去发挥这种作用。这里要强调指出的是，大学领导、教师和教管人员不仅要在口头上，还要在思想上真正承认考试是一门科学，要真正弄清、弄懂这门科学，因为唯有了解和掌握考试的理论、运行规律、方法与技术，才有可能在课程考试中正确、有效地运用这门科学。最后，必须正确认识考试管理是一项关系考试成败、人才培养质量的系统工程。考试活动是一门科学，考试管理活动是考试活动的重要组成部分，因此，考试管理理所当然也是一门科学。考试管理不仅是一门科学，还是一项系统工程。对于大学领导、教师和教管人员来说，一要真正认识考试管理是一门科学，是一项关系考试成败、人才培养质量的系统工程；二要学习、掌握这门科学，了解、熟悉这一系统工程的特点、运行规律和控制理论与方法等，唯有如此，才能够确保课程考试组织实施的科学有效性。

（二）建立考试中心，完善考试管理规章制度

考试管理要系统化、规范化，首先必须建立健全考试管理机构。考试是一项系统工程，为保证考试的顺利进行，提高考务人员的业务水平和考试管理质量，大学应该成立考试中心，统一管理大学课程考试。作为大学考试的综合管理机构，考试中心的职责与任务包括以下几点。

1. 统一规划、组织和实施大学的课程考试

传统课程考试的模式是大学制定统一的要求，各教学单位自行命题、制卷、施测、评卷、登分，有的大学有总结评估的环节，有的大学没有。课程考试事关人才培养质量，因此，其是一项科学性、技术性很强的系统工程，应该由大学即考试中

心统一规划、组织和实施。

2. 建立、完善课程考试管理规章制度并坚持严格实施

课程考试的主要目的或功能是育人，是有利于人才的培养和成长，为了实现这种功能，达到这种目的，课程考试及管理就必须科学严密，故对其管理必须有一整套科学、合理、严密的规章制度，并在课程考试中坚持严格实施。

3. 针对大学课程考试的实际和需要，开展课程考试的评估与研究

对实施的课程考试组织分析、评估和根据需要开展针对性研究，一直是大学重视不够的薄弱环节，而这又是一项提高课程考试质量，促进人才培养质量提高的重要工作，所以，这将是考试中心的一项十分重要的任务。

4. 承担考试管理方面的人员培训

课程考试的监考人员一般是临时的和兼职的，对其进行培训是必需的，要求他们以高度的责任心和严肃认真的态度对待每一场考试。

（三）培养和建设高素质的考试管理队伍

精干的考试管理队伍，是有效发挥考试管理功能的根本条件之一。严明的法纪可以使考试管理从制度上得到保障，健全的机构可以从组织方面保证考试管理功能的正常发挥，但如果没有一支精干的考试管理队伍，无论多么严明的法纪、多么健全的机构，都很难产生实效。课程考试属于校内考试，与社会考试相比，其规模较小，只是大学工作中的一项，而且时间上是间断的，然而，这一切并不意味着课程考试管理就不需要高素质的管理队伍，所以，大学应重视课程考试管理队伍的建设。考试管理队伍包括：①科研队伍。考试实践证明，没有科学的考试理论做指导，就不会有成功的考试实践，尤其是现代的考试管理，更需要科学的管理理论、方法、技术和手段。只有在考试管理实践的过程中，有重点、有针对性地开展考试及考试管理方面理论、技术、方法等的研究，才能使考试工作决策符合科学化的要求，从而发挥考试应有的功能，并促进大学发展。②行政队伍。考试行政队伍直接关系考试管理机构各项职能活动的顺利进行和考试管理目的的有效实现，对提高考试管理工作质量具有重要的意义。③业务队伍。考试业务队伍是根据考试流程的运转出现的，随着各个环节职能的实现，相应的业务队伍也就暂时失去存在的需要。它包括命题队伍、实测队伍、评卷队伍及评价、监督队伍。

兼职性、非常设性和专业性应该是大学课程考试管理队伍的基本特征，也应该是大学抓考试管理队伍建设过程中应遵循的基本原则。所谓兼职性和非常设性是指课程考试管理队伍的组成人员不可能是专职的（大学考试中心的人员例外，这一部

分人员只占整个队伍的很小的比例），他们平时可能在学校机关、教学单位或大学的其他单位工作，只是在大学组织课程考试时才成为考试管理人员。所谓专业性是指这支队伍的成员应该具有专业化的水平，即他们中的绝大多数人虽然不是以考试管理为职业，但他们都应该了解和熟悉自己在考试管理中所从事的那一项工作所必须了解和熟悉的理论、技术等专门知识技能，并具有做好这项工作的较强的能力。没有职责就无所谓管理，大学对这支特殊队伍的管理也应同其他队伍的管理一样，分工明确，职责明确，考核明确，奖惩明确。

（四）实施科学的教考分离

教考分离制度是一种现代教学管理手段。所谓"教考分离"，是指将教学与考试分离进行，即将过去某一课程由任课教师自己命题、自己评分的做法改为从规范、标准的试题库中筛选、组合出符合要求的试卷，或由教学管理部门组织教学经验较为丰富的非任课教师依纲命题，并统一组织考试，统一评阅试卷。实行教考分离的目的是提高考试的质量和水平，为学生成绩的评定、教师的教学评价以及教学管理决策提供科学的依据。它有利于促使教师授课全面系统地贯彻教学大纲的各项要求，促进学生端正学习态度和良好学风的建设。这样既能促进教师的教，又能促进学生的学，充分体现了教师的主导作用和学生的主体作用相结合的教学原则，充分调动了师生的积极性。推行大学的教考分离需从以下四点入手。

1. 加强宣传，统一思想

教考分离势在必行，但大部分教师与教学管理人员对此认识还不足，心理上也还不太适应，甚至认为推行教考分离是对教师的不信任，表现出明显的抵触情绪，这在一定程度上增加了推行工作的难度。因此，推行教考分离的首要任务是加强对教考分离制度作用和意义的宣传，从大学上层、中层到教师，层层推进，调动各方面的积极因素，使认识统一到培养合格人才上来，以有利于逐步实施教考分离制度。

2. 科学合理地安排实行教考分离的课程

从教学总体效益上讲，并非每门课程实行教考分离都是有利的。如文科类的一些课程，本身要求学生涉猎广泛，如果把试题局限于课堂内的几本书，显然不利于培养学生的综合能力；又如理科的一些专业性很强、难度很大的后续课程，大学常常只有一两个教师熟悉课程内容，推行教考分离也不太切合实际。因此，大学应该在充分调查研究的基础上，科学合理地安排实施教考分离的课程。

3. 积极修订教学大纲，为课程实施教考分离建立前提条件

多年来，不少大学的课程大纲建设一直滞后，很多课程的大纲几十年不变，不能适应时代的变化，还有很多课程没有教学大纲，原因是在以前教考合一的制度下，课程缺少大纲的矛盾暴露得并不明显。教考分离制度将教与考分为两条线，没有课程大纲则无法组织有效的教学，更无法组织有效的考试。因此，大学应积极组织力量修订、制定课程大纲，为课程实施教考分离创造前提条件。

4. 建立高质量的题库，使教考分离更科学化

实行教考分离的重要途径是建立科学的题库。科学的题库可以提供各种规格、各种层次及科目的试题，采用试卷库的试卷可以克服由于教师命题随意性带来的信度差和效度差的弊病，试卷库的试卷是由水平较高的非授课教师参加阅卷，这在一定程度上预防和杜绝了授课教师在考试环节中参与作弊的现象。大学内部考试通过这方面的改进可提高大学内考试的质量与权威性，但建设科学的题库、卷库并非一蹴而就，它既是一项阶段性的、多方人员合力攻坚的综合技术工程，又是一项长期的、由专业技术人员不断充实、革新、完善的系统工程。在大学中因学科、专业的多样性，试题要注意学科性、专业性以及适应学生能力、教学水平变化的需要。

（五）考试方式多样化

大学应鼓励教师根据本门课程的性质选择灵活多样的考试方式，突出课程的考核重点。

根据我国的实际情况，大学基本的考试形式可采用以下七种：①闭卷考试。这是考试中不允许携带和查看任何资料的一种用笔答卷的考试方式。②开卷考试。这是考试中允许携带和查看资料的一种用笔答卷的考试方式。该方法根据允许携带和查看资料的限制情况，可分为全开卷考试和有限开卷考试或一页纸开卷考试。全开卷考试指考试中允许携带和查看任何资料；有限开卷考试或一页纸开卷考试是指考试中允许携带和查看规定资料或写有学生自己总结和归纳课程内容的一页纸。③口试。这是应试者通过口头语言来回答问题的一种考核方法（含答辩考核），它是面试中常用的一种方式。④成果考试（如设计、论文、报告、成品等）。这是应试者就某个具体问题或任务、项目通过查阅资料、计算、绘图和制作等环节，用规范的方式做出书面表达或形成实物作品的一种考核方法。⑤操作考试。这是通过应试者现场操作或具体的工作实践，直接检测应试者所具备的从事某种工作的现有素质、技能与能力的一种方法，包括实务作业、样本操作和模拟操作等测试方式。⑥计算机及网上考试。这是直接在计算机上答卷的一种考试方式。⑦观察考核。这是通过

对学生一定时期的观察，对其做出评价的一种考核方法。

每种考试方式各有其特点，单凭一种考试方式不可能全面反映学生综合运用知识的能力，应采用其中几种方式相互组合以取长补短，这样既可以考查学生掌握知识的程度，又可以检验学生运用所学知识解决实际问题的能力，使考核结果更全面。还可以通过奖励措施鼓励并引导学生从多方面、多角度，用多种方法来解决同一问题，以培养和发展学生的创造思维能力。选择最佳的考试方式是提高考试效度的重要途径，适当灵活的考核方式能够进一步提高学生的学习主动性和自觉性，从而进一步巩固和深化所学课程的知识，举一反三、触类旁通，这样既能帮助学生克服死记硬背的学习习惯，又能锻炼他们各方面的学习能力，从而达到育人的目的，同时也在一定程度上减少了学生作弊的动机。改革考试形式并不是简单、孤立的问题，它需要各方面的配套改革措施，需要有规范的教学政策和条件来支持，尤其要求改革传统的教学管理体制。考试形式与教学思想、教学内容、教学方法、课程安排和师资队伍建设等都密切相关，所以，考试方式的改革不仅需要鼓励广大教师改革考试的内容，还需要各方面的配合与合作才可能取得成功。

（六）重视平时考试

加强对学生的平时考核，并不是频繁增加考试次数，而是任课教师在教学过程中，根据不同阶段的教学要求，灵活运用提问、讨论、作业、小论文、小测验等方式了解学生的学习状况，并通过测验获取教学信息，从而指导教学更好地开展。

（七）实行全程管理

考试管理分为考前管理、考中管理和考后管理，如某一环节工作不到位，就会失去考试的真实性、客观性和公正性，达不到考试的真正目的和效果。因此，要达到考试的目的与效果，就要对考前的计算机抽题组卷、试卷打印、分装保管、保密等做到可靠，对考场考号编排做到合理，对监考人员业务培训做到熟练；考试结束后，要实行统一阅卷制，要建立试卷分析制度，要进行考试后的评估。要使用现代化的手段科学编排考场，对考场编排应按考场的大小确定考生人数，实行单人单桌，考生之间间隔两个以上座位，学生凭准考证或学生证进入考场，对考生实行保密号就座的方法，即每场考试前由计算机对考生随机编号，考前15分钟由班主任宣读每个考生的保密号，考生按保密号进入相应的考场，并对号入座参加考试，考试时把保密号填写在试卷的指定位置上。考试成绩评定后，可将保密号及分数输入计算机，系统就会自动对号还原成学生成绩，这样做首先能杜绝替考现象，其次能有效地减少学生协作作弊和偷看现象，最后由于试卷上除保密号外不再出现学生的学号和姓名，防止了阅卷统分过程中教师给学生加入"人情分"的可能性。考试质量分析和信息反馈是现代考试流程的一个基本环节，是现代考试管理的一项常规工作，通过考试质量分析这个环节获取的大量信息经过整理、研究，并及时进行信息反馈，对于改进和完善考试工作，提高考试质量，促进考试走向科学化具有重要的作用。

（八）网络化考试——知识和信息时代大学考试的改革方向

21世纪是知识和信息"爆炸"的时代，大学课程考试方式和内容应与时俱进，顺应知识和信息快速发展的局势，充分运用信息时代网络信息平台提供的方便，使考试管理既严肃、科学，又灵活、多样和开放。我们要以激发学生的学习和探索知识的兴趣为前提，使学生处在相对轻松的课程学习过程中，为掌握更多的知识和提高分析解决问题的能力而学习，以提高教学质量。

1. 实施网络化考试，顺应知识和信息快速发展的局势，提高考试质量

针对目前大学考试的种种弊端，有许多学者进行了分析，并提出许多针对性的建议或措施。从考试方式上，提出打破传统的以"闭卷"考试为主的方式，应根据不同专业、不同课程的性质或特点，灵活运用闭卷、开卷、笔试、口试、答辩、论文、操作等多种考试形式和方法，并增加考试机会。从考试内容上，提出拓宽考题所涉及的内容，增加考核学生分析和综合运用能力的题型。在命题时，要严格考试命题，坚持教考分离，严控命题环节，加强试题库建设。在评价中，可以通过学生自评、学生互评、小组评价、教师评价等多种形式进行。通过这些丰富多样的考核形式，能促使学生开放性个性和创新意识的形成。

2. 网络考试的优势

网络考试是指通过局域网或者互联网，并利用计算机进行考试的行为，网络考试和在线考试以及网上考试的概念都是一致的。网络化考试将传统考试的各种工作流程通过计算机实现信息化和电子化的管理，使各种考试可以在网络平台下实现，它包括组卷系统、考试系统、阅卷系统、成绩查询分析系统、试卷制作管理系统。该种考试形式在实现无纸化考试的同时，也强化规范了教学评估的手段，适应多媒体教学的层次和水平，同时也提供了科学准确的教学研究数据，具有传统考试形式不具有的优势。

3. 大学全面实施网络化考试的条件

目前，大学已有完善的网络系统，包括信息联网共享系统和大型计算机房，并且大部分学生都有自己的个人电脑，大学实施网络考试的硬件已经具备。同时，大

学还具有一批高水平的计算机专业知识的教师和相关技术人员；所有大学生在入学第一学期都有计算机基础应用的课程，这为进一步提高大学生的计算机理论和应用打下了基础；许多成熟的网络考试平台或软件已应用于不同行业的考试中；许多大学都有计算机和信息技术相关专业等，这些都是大学实施网络考试的软件。通过合理的调配和运用这些硬件和软件，大学已具有了全面实行网络化考试的条件。

4. 网络化考试有许多明显优于传统考试形式的优点

第一，网络考试要求具有科学性和全面性、难易适中以及能测试学生综合学习水平和能力等方面的题库。在我国大学，无论从规模、数量和质量还是师资水平等方面，已具备各专业和学科标准化和高质量的题库建设的要求。我们要通过由不同大学相同专业推选优秀的专业教师组成考题题库的命题机构，通过搜集、整理历年题库和命题，并在此基础上根据不同课程的发展现状，建立不同专业课程的高质量的试题库。由于命题机构是由同一学科优秀的专业教师组成，试题的科学性、全面性、难易程度和测试学生综合学习水平和能力等方面会得到最大限度的提升，并且会不断通过不同大学生考试结果的检验和随着学科的发展而不断改进和更新。

第二，网络化考试有利于培养和考核学生分析解决问题的能力。由于试题的科学性、全面性、难易程度和测试学生综合学习水平和能力等方面的优化，能够考核学生的学习效果和分析解决问题的能力，这也同时要求和促使着教师不断地自我学习，改革和改进教学方法、教学内容和教学水平，促使学生不断改进学习方法和学习态度，以提高自身的综合学习能力。

第三，高质量的题库和网络考试，使同一门课程不同时间进行多次考试很容易实现，改变了传统课程考试频次太少和一次性闭卷考试给学生造成沉重心理压力的弊端，使学生处在一个相对宽松的探索知识和提高分析和解决问题能力的学习环境当中。

第四，实施网络化考试能够有效地预防舞弊。实施网络化考试可以使教师划定考试范围和送"人情分"以及学生的抄袭等行为得到减少，因此，它也同时具有间接端正教风和学风的作用。

第五，实施网络化考试提高了考试成绩的区分度、效度和信度。由于统一的高质量的试题和科学的评价标准，以及试题的科学性、全面性、难易程度和测试学生综合学习水平和能力等方面的提升，使考试成绩的区分度、效度和信度具有科学性。

第六，实施网络化考试能够节约人力资源。实施网络化考试能够节约教师的命题和阅卷时间，可以使教师把更多的精力和时间用于教学和科研上，以不断提高教学水平和教学质量。

第七，实施网络化考试有利于学生更好地运用网络信息探索和学习科学知识，从而培养学生良好的上网习惯。网络化考试除了具备科学性、全面性、难易程度和测试学生综合学习水平与能力等方面的题库外，与之相适应的相关学科的网络学习和复习资料也能为学生的学习辅导提供方便。学生在进行长期网络课程资料的查询和学习中，会潜移默化地把网络作为探索学习的主要工具，而不只是一种消遣和玩游戏的平台，从而培养良好的上网习惯。

第八，实施网络化考试具有巨大的经济和社会效益，对构建节约型的可持续发展的社会具有积极的作用。如能够节约大量的纸张和油墨等消耗性和污染性的资源，从而对减少土地和植被的消耗以及减少环境污染起到积极的作用。

第九，大学实施网络化考试对推动网络考试的全社会普及有着重要的示范作用。作为科学技术创新发展主要源泉的大学，对推动科学技术转换为生产力起着巨大的示范作用。

正是由于网络化考试明显优于传统考试形式，实施网络化考试成了大学考试改革的一个重点方向。

第三章 大学教师管理

第一节 大学师资管理体系及方法

一、大学师资管理体系

管理方法是管理的重要手段，管理方法的科学与否直接影响着管理的成效。大学师资队伍主要是进行"知识"相关工作，要对大学师资队伍进行管理，必须抓住"知识"本质。

（一）大学师资队伍管理的目标

1. 以建设一流师资队伍为关键目标

大学是培养高级专门人才的学府，教师队伍是大学教学、科研活动的主体，要办好大学就必须依靠广大教师开展教学、科研工作来实现。因此，在高等教育中，首要的条件是必须建立一支高水平、高质量的教师队伍。因为教师的工作直接关系到教育目标的实现，也直接关系到教育任务的落实，教师的知识传播是学生智育能力形成的主要渠道，它的作用超过了其他任何形式的教育，教师在思想品德、工作作风、认识问题、分析问题能力等方面直接感染着学生、塑造着学生，对学生世界观、人生观、价值观的形成有着特殊的影响。教师的知识创新能力关系到创新人才培养的质量和国家的科技竞争力。

一流师资队伍是培养一流人才的根本保证，在大学的建设与管理工作中，必须以建设一流师资队伍为关键目标。尤其是重点大学，应形成一流的学术梯队、集聚一流的科研力量。国内外一流大学的形成和发展史表明，师资是一所大学最重要的办学资源，是其一流地位赖以建立、维持、巩固的基础和关键。师资水平在很大程度上反映大学的水平，只有建设一流水平的师资队伍才能建设高水平的大学。因此，国内外有远见的教育家和世界一流大学都把建设一流的师资队伍作为办学的第一要务。

2．以造就一流大师为师资队伍建设的必要目标

没有一流的大师级的优秀教师，就称不上一支一流的教师队伍。因此，大学在师资队伍建设上，必须以培养、造就或聘请一流的大师级优秀人才充当带头人作为师资队伍建设的必要目标。

3．以形成合理的师资结构为重要目标

师资结构合理与否影响着大学师资队伍建设的水平。因此，大学应认真制定师资结构目标，建立与保持一支最佳结构状态和充满内在活力的高水平专兼职教师队伍，对教师队伍的学历、职称、学缘、年龄、知识与能级等结构进行适时的、必要的调整，不断加强和改善对大学人力资源的科学化管理，建设一支数量适当、结构合理、业务精良、高效精干的教师队伍。

（二）大学师资队伍管理的途径

1．建立培养、造就、吸引优秀教师的正确途径

优秀教师是大学的"根"和"本"，大学必须高度重视教师队伍建设，建立一条或多条培养、造就和吸引优秀教师的正确途径。然而，大量培养、发现、选拔、造就和吸引优秀教师不能单纯靠少数"伯乐"慧眼识人才的传统方式，而要靠制度、靠机制，因此，要有一系列集体培养人才，公平竞争淘汰，择优选优用优的制度。大学应采取超常规办法，制定吸引优秀人才的政策，建立一条或多条吸引优秀人才的绿色通道，面向国内外多方吸纳优秀教师。同时必须与考核评价相结合，必须与本校的学科建设和专业建设相结合，避免人才闲置和人才资源浪费。各大学尤其要尽可能从其他大学，尤其是其他重点大学选拔优秀研究生充实教师队伍。青年教师上岗前要进行真正意义上的严格岗前培训，上岗后要进行岗位练兵、在岗进修、轮岗全职学习等继续培养工作，要通过严格的考核、选拔，从中发现和培养、造就一批优秀教师。同时也要对教师规定职务岗位年限，在相应的职务岗位上超过一定的工作年限非升即走，以此来规避平庸。

2．建立人才合理流动和教育资源重组的新渠道

各大学在对骨干教师采取稳定措施的同时，应建立一条或多条有利于人才合理流动和教育资源重组的新渠道，使大学教师能进能出，有进有出，合理流动。

实行聘任制是任用教师、管理教师的一种有效手段和形式，是大学人才流动的基础和前提。大学应从实际出发，根据学科建设以及教学、科研任务的需要，科学合理地设置教学、科研、管理等各级各类岗位，明确岗位职责、任职条件、权利义

务和聘任期限，按照规定程序对各级各类岗位实行公开招聘、平等竞争和择优聘用。通过签订聘用（聘任）合同，确立受法律保护的人事关系。招聘范围要有国际视野，除聘用本校教师外，还可以通过研究生兼任助教，返聘高级专家学者以及面向国内外大学、企业和科研机构等社会部门招聘优秀人才担任专职或兼职教师等途径，拓宽教师来源渠道，实行开放式的教师管理办法。全面真正地实行聘任制，还有赖于对教师职务晋升办法的彻底改革。

（三）大学师资队伍管理的方法

1. 优化师资队伍结构、提高队伍整体素质的系统方法

在知识经济时代，知识更新速度显著加快，每位教师都面临着知识更新和不断提高知识水平的问题。教师素质和水平提高的问题需要有好的途径，更需要有好的方法。

师资水平提高的主要方法有脱产进修提高法，进站（博士后流动站）工作提高法，在职自修提高法，国外留学访问提高法，社会实践提高法，实验室工作提高法，科研工作提高法和学术会议、学术交流提高法等。教师整体素质的提高应该是系统方法的综合运用，而不能仅仅依赖一两种方法。

以信息技术为背景的现代教育技术改变了教育的组织形式和方法，也改变了学生的学习方式与方法，使获取信息的渠道多元化。在这样的条件下，大学教师必须实现工作角色的转变与素质的系统提高。首先，要由教学型教师向研究型教师转变。在现代教育技术条件下，教师必须不断学习，研究和应用现代技术。其次，要由信息资源的利用者向课程信息的设计者和开发者转变。教师不仅要传达普通教材上的知识信息，还要学习和掌握多媒体技术和网络技术，为学生自主学习设计开发各种教学课件。最后，要由教学者向学习者和学者转变。教师只有先做学习者，不断地更新知识、观念和提高职业道德修养，以学习者的态度不断丰富自己，才能使自己具有知识渊博的学者风范，也才可能成为具有创造性、开拓性和较高研究能力的教学者。

2. 引进师资队伍管理的先进理念与现代方法

高校应更新观念，树立"以教师为本，以专家教授为本中之本"的新理念，引进现代师资管理的科学理念与现代方法。变教师管理为知识管理，变人事管理为岗位管理，变档案管理为信息管理，变管理为建设，变控制为服务。同时，还要把国内外现代企业制度中先进的人力资源管理的方法引进来，从考核、评聘到学术梯队

建设与管理全部实行动态的、信息化的、科学的管理方法。改革和完善各种管理制度，使师资管理随意性减少。通过管理和服务，激励青年教师岗位成才，通过管理和服务提高师资的整体素质与水平。

大学办学的根本目的是培养高素质创造型人才，而培养高素质创造型人才又要依靠学术精湛、治学严谨的优秀教师。在所有的教育资源中，优秀教师是最重要的资源。大学教育，科研体制的改革，人事管理制度的改革，必须有利于高素质创造型优秀人才的培养，有利于学科建设，有利于学科的交叉、融合、渗透和新兴学科的生长与发展，有利于科学技术的发展和学术水平、创造能力的不断提高，有利于大学资源的优化配置。总之，以教师为本，就是要充分调动和发挥全体教师的积极性，激发他们的创造性，为大学的改革、发展和提高做出贡献。

(四) 大学师资队伍知识管理的任务

以往对教师知识的管理所关注的是易于被转变为话语、被记录下来的和可以以手册和教科书的方式等清晰表述的知识，将教师的知识管理仅仅理解为是对大学的图书资料的整理归类，这不符合现代知识管理观的要求，也不符合教师知识的个体性特征对知识管理的要求。当今社会进入知识社会，知识日益成为一个组织取得成功的核心推动力，在这样的背景下，组织所要面对的难题不再是怎样发现信息，而是如何管理信息，如何从众多的知识信息中清理出重要的知识，并创造性地加以利用。对大学师资队伍的管理，相当于对知识型组织的管理，所面对的知识管理问题既特殊又复杂。

1. 重视对教师的理论性显性知识进行整理、分类和条理化

教师的理论性显性知识包括大学和教师个人的藏书、著述、资料、文件等"硬件"。这是教师知识管理的基本任务，也是教师知识管理其他任务的基础。

2. 实现对教师知识的有效获取和积累

教师知识的动态性要求教师必须不断地去更新充实自己的知识，这就使得大学必须帮助和支持教师更新和充实自身的知识，以实现教师对知识的有效获取和积累。教师既要重视对既存的理论性显性知识的接受性学习，又要从外界环境中摄取准确、及时、有效的信息，包括查阅最新出版的相关书刊资料和互联网上发布的最新消息等，然后把所得到的初级信息加以筛选、梳理，使之系统化、有序化。再结合自己在这方面已拥有的知识和经验做进一步的分析，使新旧知识自然地结合在一起。同时更要注意在大学文化环境下，在教学、科研实践中，在与学生及其他教师

的交流中，建构自己的信息知识体系。

3. 实现教师显性知识和隐性知识的转化，借以创造知识和实现知识的有效增值

教师知识管理的核心任务是促进教师的知识创新，通过知识创新扩充大学的知识积累，促进教师的专业发展和大学的发展。而大学知识创新的实质就是显性知识和隐性知识之间相互作用而形成的知识的转化及其增值过程。显性知识和隐性知识可以通过四种方式转化：一是社会化，通过经验共享使个人的隐性知识转化为组织的隐性知识，得以使个体的隐性知识在组织内交流和分享；二是外在化，通过对话和反思，将隐性知识转化为显性知识，将意念转化为实在；三是联合化，通过沟通、扩散以及系统化将分离的显性知识聚合为系统和更为复杂的显性知识；四是内化，个体通过学习和体悟使公共显性知识转化为个体隐性知识。教师知识管理中知识的创造和增值正是通过这样一些方式实现的，积极促进这些转化的进行，有效地实现大学知识的创造和增值，正是教师知识管理的核心任务。

4. 促进教师知识的有效交流和分享

科学总是在人类已经积累的知识基础上进一步发展的，这表明知识的生产需要跨时空的知识交流与结合；学生在学习显性知识的过程中发展了隐性知识，这表明显性知识与隐性知识的结合与交流产生了新的知识；在解决问题的过程中，科学技术知识与社会生产、生活知识的交流与结合导致了大量的产品与生产技术的发明，这表明显性知识与显性知识的交流与结合也促进了知识生产。总之，知识只有被人掌握，并且被人利用，才能产生新的知识。各种显性知识、隐性知识的交流与共享对知识生产十分重要。教师之间的共同协作是实现大学整体工作有效性的前提，而教师之间的知识交流与共享既是大学发展的前提，又是教师成长和学生成长的前提。

二、基于知识的大学师资管理新方法

(一) 知识输入管理

大学师资队伍要进行持续的知识更新，就需要进行知识输入管理。知识输入管理涉及如下方面。

1. 知识输入的目的

知识输入的目的是提高教师群体素质，促进师资队伍的知识更新。在大众化教

育背景下，大学师资队伍本身是施教者的主体，在当今知识社会中应该具有足够的知识，而且能够及时更新知识，否则将丧失施教者的作用，被淘汰出局。

知识输入管理的途径包括：第一，图书馆是收藏人类知识遗产的场所，是展示最新知识成果的场所，也是进行教师知识管理的重要场所；第二，信息技术的飞速发展，信息高速公路的建立，使教师的知识储备和学习变得更为便捷、迅速；第三，各种形式的培训、学习和教师对自身教学实践的反思；第四，同事间的交流学习。

2. 知识输入的内容与方法

输入大学师资队伍中的知识既包括隐性知识，又包括显性知识。

隐性知识输入的主要形式是引进人才。按照本单位学科布局和用人计划引进各层次人才，这些人才本身所具有的隐性知识自然就输入进大学师资队伍。隐性知识的引入，一方面要考虑各个学科的发展布局，另一方面必须考虑隐性知识本身的特点。隐性知识主要体现为无法明示化的个人所拥有的知识，具有不同隐性知识的人具有不同的能力，如科研能力、创新能力、分析能力、组织能力、解决问题能力、发现问题能力、实际动手能力等。因此，在引进人才时也需要把这些内容考虑进去，并且要尽量引进具有不同能力的人才，各种能力人才合理布局，不能只引进一种或少量几种能力的人才。

隐性知识输入的另一种形式就是开拓外部知识库，大学可以通过各种合作形式访问外部知识库，如将现有教师派到其他教学、科研单位进行交流访问或进修培训，或者邀请一些专家学者来本校交流访问、讲学或合作研究，增加教师的知识积累，提高教师的知识学习和更新能力。其中反思性学习是提高教师实践知识的重要方法，教师可以通过记反思笔记的形式，记录自己的教学心得和感悟，将教学实践与教学理论相互印证。反省实践与理论的差距或不一致的地方，或者对特定教育事件的处理做事后分析，不断提高自己的理论水平，借以发展更高层次的个人实践知识。

隐性知识输入的第三种形式是建立教师之间的协作学习机制，通过小组或团队的形式组织教师学习，在讨论、交流与协作的基础上，就某些教学事件进行共同探讨，以交流和共享彼此的观点和知识。这一方法对于扩大教师的知识面，提供教师对教育事件的相互交流和启发，提高和分享对实践性知识的认识和理解都具有重要的意义。教师知识管理应注重建立协作学习的机制，以促使教师间的互相学习，不断提高教师的实践知识水平，以达到促进教师专业发展和不断提高大学教学质量的目的。

显性知识的输入可以脱离人进行。一是大学图书馆应该订购一些新的期刊、报纸和图书等。二是对大学现有的图书资料进行分类整理，教师个人也可以建立个人图书档案。利用自己喜欢的信息分类方法对自己的图书资料进行分类整理，以提高使用效率。三是建立教师个人的电子储存文件系统。教师个人可以利用计算机对自己搜集到的零散的资料信息进行整理归类，分期分批地存放，建立自己的个人知识管理系统，便于及时查找使用。

（二）知识传播管理

大学师资队伍的一大任务或者说一大社会功能是知识传播，可以说知识传播是大学师资队伍的首要任务。我们有必要对大学师资队伍的知识传播进行系统管理，推进知识传播的顺利进行，形成有序、稳定、及时和新颖的知识流，促进知识传播的有效利用，获得知识传播的最佳效果。在大众化教育环境下，这种知识传播的范围更广，传播的知识更多样。对大学师资队伍知识传播进行管理，涉及如下几个方面。

1. 知识传播的主体

大学师资队伍是知识传播的主体，这个主体应该满足如下条件才能够更好地进行知识传播。

（1）数量上应该达到一定要求

主要考虑"生师比"指标，大众化教育下的生师比应该比精英教育下的大很多。我国的现状是生师比过大，已经大于其他实现大众化教育国家的生师比。这样很难保证教学质量，很多学生得不到很好的指导，无法获得应该得到的隐性知识和显性知识。

（2）质量上应该达到要求

大学教师应该具备基本的教师素质，如此才能教书育人。教师素质的提高主要包括两大方面：一是招聘教师时尽量选择素质高的人员；二是对在编教师进行在职培训。教师素质的高低决定着学生水平的高低，俗语讲"名师出高徒"，要想培养出高水平的人才，首先要提高教师的素质。

（3）教师结构布局应该合理

大学教师的结构布局非常重要，应该合理布局。主要包括如下几个方面：

①学科分布合理。大学所有的专业都有适量的教师，不存在有专业无教师的

情况。

②职称结构合理。每个教研室都有比例适当的高级、中级、初级教师，分别承担不同的教学科研任务。

③年龄分布合理。不同年龄阶段的教师具有不同的特点，合理的团队建设应该每个年龄段都有一定数量的教师。

④能力结构合理。教师个人的特长与特点不同，有的善于教学，有的善于科研，不同能力的教师都应该具备，然后按照"用其长、避其短"的原则合理分工。

（4）专职和兼职相结合

大学师资队伍一方面要保持一定的专职教师，这部分人员终身属于本单位。本单位对这部分人员进行培养。这部分人员是本校的中坚力量。另一方面，大学师资队伍中还应该有一定数量的兼职教师，这是大众化教育下满足教师数量要求的通常做法。招聘部分兼职教师可以增加本校教师的数量，但不会过大增加大学的运营成本。另外，兼职教师往往带来一些新的本校教师没有的知识或特征，便于提高专职教师的素质。兼职制度的存在也会促使专职教师更努力地工作，努力提高自身素质。

2. 知识传播的内容

大学中传播的知识主要是本大学所设置的各项课程，不同专业的具体课程内容不同。这些知识主要属于显性知识。另外导师传播给研究生的知识还有隐性知识。要对知识传播的内容进行管理，主要应该考虑每个专业课程设置得是否合理，是否覆盖了这个专业所需要的基本的教学目标，所使用的教材是否最新，是否包括了最新的知识，各类知识间是否具备一定的联系，是否成体系。

在管理隐性知识的传播时，应该考虑学生与导师间的研讨时间、共同做项目时间、论文写作指导时间等。只有通过实际接触，才能够进行最有效的隐性知识的传播。

3. 知识传播的对象

大学知识传播的对象主要是各类接受高等教育的学生，包括成人、专科生、本科生、硕士生和博士生。加强对各类学生的管理，能够很好地完成知识传播的任务。应该根据不同类型学生的特点进行管理。主要应该考虑学生如何能够更好地学习知识。本科生、专科生、成人教育主要是使其掌握必要的专业知识，所以以显性知识教育为主，主要学习各类课程。针对这部分学生，应该主要从课程上进行管理，包括选学课程数量、考试成绩、上课次数等。硕士生和博士生教育主要是培养学生发现问题、分析问题和解决问题的能力，所以应该以隐性知识教育为主。除了指定的一些专业课程外，学生自己还要广泛地进行阅读和自学许多其他知识，这个过程就是培养自己的能力，形成自己的隐性知识的过程。

4. 知识传播的途径

知识从大学师资队伍这个主体传播到各类学生这个对象需要经过一定的途径。要管理好知识的传播，需要拓宽途径，并且要保证这些途径顺畅。主要的途径有两大类型：一是课堂教学，二是科学研究。要保证这两大途径顺畅才能够更好地进行知识传播。保障课堂教学顺畅主要应该考虑教室安排、时间安排以及其他条件的提供。保障科学研究的顺畅主要应该考虑科研环境、条件的提供。

另外，要拓宽知识传播的途径，针对显性知识，可以考虑多安排一些学术讲座、学术活动。针对隐性知识，可以考虑安排一些研究生和导师共同参加的活动，增加彼此之间的交流机会。

在大众化教育环境下，可以充分利用现代信息网络技术，采取网络化教学。通过网络传播知识是一种新的知识传播途径，但是这种方式主要传播的是显性知识，并且师生的活动教学很难实现。但是网络教学极大地扩展了知识传播的范围，适合大众化教育。

（三）知识创新管理

大学师资队伍的另一大任务是知识创新。大学师资队伍知识创新能力直接影响大学本身的综合实力。重点名校师资队伍的知识创新能力都很强，能够产生很多科研成果。一个大学要想提高档次，在业内排名靠前，必须提高师资队伍的知识创新能力，特别是自主创新能力，开发和拥有自主知识产权技术，加强对知识创新的管理。对大学师资队伍知识创新进行管理，涉及如下几个方面。

1. 知识创新的主体

大学师资队伍是知识创新的主体，要实现知识创新，大学师资队伍应该满足如下要求。

（1）保持一个稳定的科研团队

稳定的科研团队持续地在一个研究方向上进行科学研究，往往能够产生一系列有价值的新知识。流动的科研团队缺少知识积累，很难产生新知识。

（2）保持一个开放的科研团队

开放的科研团队能够接受新思想、接受新事物、接受新观念，这样才有可能产生新知识。封闭的科研团队无法接受新思想、新事物和新观念，所以也很难产生新知识。

（3）保持一个融洽的科研团队

融洽的科研团队中各个成员能够很好地配合工作，大家集思广益，相互促进，共同进行科学研究工作，这样才能增大知识创新的可能性。工作在一个关系融洽的工作环境中，人的心情舒畅，容易产生灵感，不会增加过多的麻烦。

（4）保持一个交流的科研团队

交流的科研团队中的成员彼此之间有很好的学术沟通，大家经常一起讨论问题，共享自己的想法，给别人提出意见。实质性的交流增大了创新知识的可能。一个人的思想有时会局限在一定的范围内，往往在与别人进行谈论时受到启发，适当的交流能够促使新思想的产生，促使新知识的产生。

2. 知识创新的范围

大学师资队伍能够在很多方面进行知识创新。

①从学科领域来看，最容易有创新的领域是各个学科前沿的研究领域。传统的、成熟的学科理论很难产生新知识，但是也有可能在应用层取得创新。

②不同学科交叉领域容易有新知识产生。传统学科发展到一定程度，已经很成熟。不同学科的研究问题、解决问题的思路方法不同，在学科交叉部分能够应用两个学科的思想和方法，往往能够产生新的思想、新的知识。

③知识创新的结果在显性知识方面体现在发表的各种学术观点、理论和方法等上，这些创新成果可以显性化。在隐性知识方面体现在优秀人才的培养上，新的专家、学者的出现表明一定的特殊的隐性知识的产生。

④知识创新包括各种层次的知识创新。理论、方法、技术和应用层都会产生新的知识。

3. 增强自主创新能力

加强大学师资队伍知识创新管理，必须增强自主创新能力。增强自主创新能力是一项系统工程，应把原始创新、系统集成和引进消化吸收再创新结合起来。

（1）以人为本，创建特色鲜明的专业培养计划与课程体系

提高国家自主创新能力，有赖于大批创新拔尖人才。大学是培养人才的摇篮，要努力提高学生的创新精神和实践能力，为此，要把校内培养与校外培养相结合，遵循因材施教的原则，因人而异地制订教学计划、培养计划，让学生有学习的选择权。对尖子生要配备导师，个别指导并创造条件促进他们更快更好地成长。大学教育不能在育分上下功夫，而要在育能上下功夫，要着力培养学生学习能力、思维能

力、创新能力。大学不应把学生关在课堂上、校园里培养，要积极探索和实施大学与企业与社会联合培养大学生的模式。如引导、组织学生走向社会、走向企业，到社会、到企业中接触实践、接触课题。高年级学生、研究生应参加教师承担的课题或独立承担科研项目，攻关项目，应让他们到企业中、到实践中去选题，既发挥集体智慧在科技攻关、自主创新中的作用，又能从中得到锻炼，增强创新意识。大学生"挑战杯"即全国大学生课外学术科技作品竞赛，是培养创新人才的好途径。其特点是每个课题都来自实践，都是为了解决实际问题，应推广开来，在实践中既提高他们的创新能力，又能为自主创新做出贡献。

（2）改革大学教师考核评价制度

有的教师擅长教学，有的教师擅长科研，有的教师擅长开发，三者兼有、二者兼有的教师也大有人在，但多数教师侧重面不同。因此，对教师的评价、职称评定的标准应多元化，任何一方面成绩突出的都可评高级职称。尤其要鼓励教师到企业、到市场去选择科研课题、技术改造项目，鼓励教师把科研成果延续下去，转化为产品、产业，把专利实施下去，转化为产品和产业。有些重大课题、重大攻关项目、科技开发项目并非在短期内能够完成，因此不能要求这些教师每年拿项目，每年出成果、出论文，相反，应从物质上、精神上鼓励他们坚持下去，不要急功近利，急于求成，这就必须制定新的教师考核评价制度。

（3）创新师资队伍培养机制

组建一支高水平的教师队伍和高水平的学术创新团队，是提高创新能力的关键。高水平的师资队伍能为创新能力的提高提供强有力的人才支撑。当今世界，科学技术是综合国力竞争的决定性因素，自主创新是支撑一个国家崛起的筋骨。科技的灵魂在创新，科技的活力在改革，科技的根本在人才。要大力培养和积极引进人才，做到人才辈出。重视大学现有人才的培养，特别重视培养中青年学术骨干。大学应建立长期稳定的人才培养机制，并努力为他们提供一个适宜的成长环境；强调尊重人才，人才自重，提倡竞争、和谐、有序、协作的学术氛围。

4. 知识创新在大学团队建设上的实践

为了出色地完成高等教育所肩负的重大历史使命，大学必须尽快培养和造就一批创新团队。通过创新团队的建设，大学可以在学科建设、教学科研工作中组织起团结协作、创新能力强、学术水平高的科研突击队和教学团队，从而承担国家级重大科研项目，做出创新性的科研成果和出版高质量的教材，培养教师之间团结合作、奋发向上的优良校风，凝聚队伍，培养出一批有相当影响力的中青年学科带头人，使创新团队成为大学学科的支撑，成为重大项目的主要承担者、学术研究和科研成果的摇篮、培养人才的基地以及科研基地的使用和建设者。重视团队建设是进一步加强教师队伍建设、提高教学质量和研究水平的新举措。

通过若干年的建设，重点大学都形成了一大批可以承担重大科研项目、能做出标志性成果的创新协作团队，同时培养出了一批杰出的学术带头人和学术骨干，一定数量的具有国际水平的学科带头人和学术大师。

①建立以绩效考核为核心的分配机制和以合同管理为特征的团队聘用机制。全面推行"以岗定薪、优劳优酬"的分配制度，对学科带头人实行在工资、津贴、奖励和福利待遇方面具有激励性的分配制度，积极探索来华工作和回国定居的专家的工资福利与社会保障制度，探索推动年薪制、协商工资制等多种工资制度；在效益优先，兼顾公平，淡化身份，动态管理，支持创新、鼓励冒尖的原则基础上，逐步建立适应团队建设和发展的"基本工资＋岗位和任务津贴＋业绩和贡献奖励"基本模式，以公平与效率相结合的工资福利分配机制，充分调动团队中每个成员的工作积极性、主动性和创造性。

为了始终保持团队的生机活力，促进竞争、激励和流动，应当建立和不断完善科学全面合理的符合创新团队特点的教学科研综合考核评价体系，要由关注过程管理向重视目标管理转变，将频繁的注重量的考核向以质量评价为核心的聘期考核转变，将对包含学科带头人在内的个体的考核向团队整体效益和成果的考核转变，考核期限、方式和指标应当有利于具有原创性的高质量、高水平的学术成果和高新技术产生，要关注团队所探索出的学科新方向，所建立的具有创新意识和水平的学科队伍，要重视原创性成果以及所解决的基础理论和国民经济重大问题，应当注重建立一个宽松的环境和宽容的体制以保护创新。

②探索一条有利于团队建设和发展的人事管理和资源及信息共享机制，鼓励和支持建立相关特区，赋予学科带头人（或其群体）在经费使用、人员聘用和聘任、薪酬确定等方面的自主权，克服现有校院系管理组织的弊端，打破影响组织团队的壁垒。现行的大学内部管理形态存在着影响团队建设的因素，要根据提出和承担重大科研项目、产生科技成果的需要，打破人才的单位所有制，淡化人才的行政隶属关系，反对学术机构行政化的做法，改变将人才固定到特定机构的做法，使大学内部的人力资源能够根据学科带头人组建团队的需要自由流动。鼓励大学按照培养优秀学科带头人，组织团队的需要积极推行内部组织形态的改革，通过系统的改革和资源的配置，催生一批跨学科、具有很强活力的学术团队。反对狭隘地理解学科建

设的意义，拓宽学科建设的内涵，要将组织学术团队作为学科建设的最重要的内容和组织形态。鼓励团队自我发展，不断创新，创造一个开放的、民主的、自由的、高效的、灵活的团队自我管理体制，充分发挥团队的积极性和创造性，减少行政干预和不必要的行政管理。

③建立创新团队的示范性工程，鼓励大学根据各自的情况在可能取得重要突破的方向配置资源，建设若干创新团队。教育部在若干涉及国民经济发展的领域，涉及重要基础理论、重大工程的领域，根据大学的团队建设情况，选拔具有较强组织程度、提出并申请重要研究项目的团队，在人员经费方面给予必要的支持。重点资助知识结构合理、跨学科，以特聘教授为首的学术团队。大学要根据自身的优势和特色，在可能取得重大突破的方向，积极组织队伍，重点配置资源，努力形成若干具有承担重大课题研究能力、可能产生具有较大影响力成果，能够产生新的学科增长点、为基础理论和国民经济建设主战场解决重大问题的团队，并通过团队的建设培养一批具有优良学风、学术影响广泛和组织能力优秀的学科带头人和一大批学术骨干。

④创新团队是基础重大科学问题研究和面向应用的急需解决的重大技术问题研究的突击队，是创新性成果的源泉，是高层次人才培养的基地，是新兴交叉学科的生长点。创新团队要聚集一批优秀的科技人才，努力营造学术讨论热烈充分、观点见解激烈交锋、创新人才相互学习，激发创造力和攻关力的良好"生态环境"。创新团队应当有明确的专业特长和学科带头人，并拥有数名教育背景、工作经历和研究领域各异的主要研究骨干。

创新团队的模式应当是宽泛和多层次的，既有在实践中自然产生的在纵向领域不断扩展或深入的团队，又有应前沿科学研究需要而产生的通过重新组合相互协作的在横向的跨学科的新兴领域开拓的团队；既可能是"学术带头人＋团队"，又可能是"若干学科带头人＋若干小团队"的组织模式。

（四）知识输出管理

大学师资队伍进行知识学习和生产的最终目的是知识输出，只有将知识输出到社会才能实现大学的社会功能。对知识输出进行管理需要考虑如下两个方面要素。

1. 知识输出的目的

大学师资队伍知识输出具有两大目的：第一，把大学师资队伍掌握的知识输出到社会，实现大学的知识传播社会功能；第二，将师资队伍产生的新知识进一步转化为社会生产力，实现新知识的价值，为社会做出直接的经济贡献。

2．知识输出的内容与方法

大学师资队伍知识输出的内容主要包括如下两大方面：

一方面是将知识输出给不同专业的学生，当学生毕业到社会参加工作后就把知识进一步输出到社会。这方面内容与大学师资队伍的知识传播部分内容相似。这种知识输出是以"人"为载体进行的。因此，加强学生的校内学习，做好毕业学生的就业安置工作能够保证知识输出。

另一方面是将知识转化为社会生产力，实现知识的经济效益。大学管理的主要工作是建立产学研结合机制，促进新知识（主要是各种专利）的产业化。这方面的知识输出以"新知识"本身为对象，以产业化为目的，关注的是如何实现知识的价值。只有大学是无法完成这项任务的，所以需要构建产学研结合的机制，与其他公司团体合作分工完成。如在大学与企业联合建立高科技研究院，双方本着互惠互利、优势互补、共同发展的原则，采用全新的校企合作模式，企业的研发机构入驻校园，在大学建立"研究特区"，双方优势互补，强强联合，从而增强企业自主研发能力，提高企业技术创新能力和企业核心竞争力。

（五）自学习管理

大学师资队伍必须建立起自学习的机制。作为一个社会组织，要想能够良性发展，必须具有自学习能力。

1．自学习的定义

大学师资队伍的自学习包括四部分的内容：内部显性知识输出、内部隐性知识输出、内部显性知识输入和内部隐性知识输入。这里的知识输入与输出都是在内部进行的，对于大学师资队伍这个对象来说是自身的同一个活动，因此，我们把这些活动统称为"自学习"。把学习的含义进一步扩展，可以认为大学师资队伍这个群体自身形成的学习机制叫作自学习。这里研究的自学习管理主要针对狭义的概念。

2．自学习的重要性

大学师资队伍作为一个知识源，必须具备自学习的能力，形成一种核心能力。大学本身要想具有自己的特点，就必须有这个核心的能力。自学习的机制建立起来后，如果运行良好，将会吸引很多高等人才加入，进一步推进整个师资队伍素质的提高，形成良性循环。如果没有建立起自学习机制，大学师资队伍只是一个松散的教师集合，本身没有知识增值，不能形成知识凝聚力，很难吸引人才，也很难留住有才华的教师。

3. 自学习的内容

大学师资队伍自学习的内容很多，主要可以从如下几方面考虑：

①自学习的知识不仅有显性知识，还有隐性知识。大学师资队伍产生的显性知识，可以以各种形式在内部传播，比如讲座、培训等。另外，难以显性化的主要存在于教师个人本身的隐性知识是很难进行传播的，只有通过长期的言传身教，才可以实现部分隐性知识在少数人之间进行传播。因此，在一个大学师资队伍中，大家工作、生活接触比较频繁，有很好的机会进行隐性知识的学习。

②自学习的知识包括很多学科领域，只要是本大学师资队伍掌握的知识都可以进行内部培训、学习。不同专业方向的教师，为了提高自身素质，也可以学习一些其他学科专业的知识，这样对于交叉学科研究具有更重要的意义。

③自学习对于大学师资队伍自身虽然是一个活动，但具体到队伍内部，也需要进行细化分工。掌握了新知识（包括从外部输入的知识和团队自身创造出的新知识）的教师负责将这些新知识条理化，准备好培训材料或讲座报告。有学习新知识需要的教师应该安排好自己的时间，参加各种新知识传播活动。大学管理者应该掌握新知识提供的信息和学习者学习的信息，并且做好组织工作，提供一定的自学习平台。这样三方各自完成好自己的工作，自学习才能很好地进行。

4. 自学习的方法

大学师资队伍自学习的方法很多，针对不同的知识，可以采用不同的方法。

①常规的培训课程。对于一些需要长期培训的知识，应该采用这种方法。但必须安排好时间，因为教师一般都有自己的本职工作，他们常利用业余时间进行培训学习。要想达到预期的培训效果，必须保证学习时间，还要采用灵活的教学方法。因为都是本校教师，在培训课上能够形成很好的课堂气氛，形成互动式教学。

②学术会议、讲座报告。如果教师参加了校外的会议或者高级讲座，回来后可以组织一两次汇报或讲座。在科研团队内部可以定期举行学术报告，进行小范围自学习。

③以科研团队方式进行科学研究。由于隐性知识在人与人接触中传播、学习的可能性很大，特别是科学研究能力很难用一两次报告就能够学习到，所以对于科学研究，应该以科研团队的方式进行，大家经常在一起工作、学习、交流，这样才能增加接触机会，促进隐性知识传播。通过科研团队方式可以形成一支能力很强的科研队伍，这种自学习方式直接、有效。

第二节　大学教师管理模式的改进

一、大学教师人事制度改革的发展趋势

根据大学人事管理制度的发展需要以及国家下发的一系列文件要求，大学人事制度改革呈现出以下几种趋势。

（一）在管理理念上由人事管理向人力资源管理发展

传统的人事管理重在对人的管理和事的管理，重在对人的人事档案和业务档案的管理，实质上是对教师进行身份管理。这种管理在效果上缺乏激励和引导，是一种静态的管理，视教师为成本。而人力资源管理重在对现有人员的开发和利用，同时注重队伍的重组和提升，视教师为资源。

（二）在管理方式上由静态管理向动态管理发展

现有的管理方式下，教师在达到一定的阶段后就没有了继续努力的动力，比如评定终身的职称制度以及工资制度等。在管理者身上同样存在这种问题，能上不能下的行政管理制度使得管理者在管理过程中不思进取，人浮于事。大学教师管理改革要求打破教授终身制，打破管理者手中的铁饭碗，从而提高工作的积极性。

（三）在分配上由平均主义向差异分配发展

拉大差异，注重激励，有助于调动教师的积极性，符合教师间能力存在差异以及工作投入程度不同的情况。

（四）在制度上由身份制向契约制发展

在人员聘任上，打破原有的重身份、重资历、重级别的人事管理方式，科学设定编制和岗位，竞争上岗、择优聘用、合同管理可以强化竞争机制，使人力资源配置更符合事业发展的需要。

二、大学教师管理模式的改进措施

教师管理制度改革事关高等教育的全局，涉及教育行政部门与政府间的关系，涉及社会保障体系的完善，更涉及大学的发展和教师本人的切身利益，同时，大学教师群体又具有明显区别于一般人力资源群体的特殊性，这要求我们在制度设计方面不能将企业的管理模式简单套用，而要根据教师群体的特点有针对性地进行设计。在改革中，我们应该以治理为模式，形成视教师为资源的人力资源管理理念，

从政校关系、决策制度、聘任制度、考核制度和分配制度等方面重新设计教师资源管理体系，加强对教师队伍的培养和激励，促进对教师资源的有效利用，同时还要充分认识到校园文化在教师管理中的积极作用，建设具有独特风格的、和谐的校园文化。

（一）大学管理者要树立"以人为本"的管理理念

"以人为本"不是一句口号，要真正落到实处。高等教育教学是根本，教学中教师是核心。在大学的教师管理中，要牢固树立以人为中心的现代管理新理念，追求教师资源管理的人本性，提升教师的归属感，同时将教师资源开发提升到第一的位置，使大学的人事工作能着眼于人力资源的开发，致力于人才的合理、充分利用；加强管理者现代管理理论的培训和提高，积极吸收管理学领域最新的科学研究成果，并将其运用到大学师资资源管理的实际中来，做到人力资源管理方法的科学化、规范化、民主化以及管理体制的合法化和规范化，营造尊师重教的良好氛围，始终坚持尊重教师的意愿，了解教师的需求，最大限度地激发教师的积极性和创造性，使教师的潜能得到最大程度的发挥，实现大学教师管理过程中理性管理和人性化管理的有机结合。要将管理职能转化为服务职能，为教师提供良好的发展空间，为教师消除后顾之忧，营造科学的发展平台，提升教师对大学的满意度，实现教师的满意与大学的可持续健康发展的最佳结合。

人本管理最重要的一点就是要宽容，其有两方面的含义：一是对待教师要宽容。要细心发掘教师的优点，同时还要尊重教师个人的尊严、自我价值和个人的需要，要宽容对待教师在性格方面的特性，要经常了解教师对大学工作的意见，让教师参与到大学重大制度与改革措施的制定中来。二是对待教师的学术观点要宽容。大学特别是各学科的学术带头人要能够容忍甚至是提倡多种学术观点的并存，对个别教师提出的特异性观点不能直接予以否认，要营造大学"百花齐放、百家争鸣"的宽松的学术氛围。当然，宽容不是放纵，大学教师资源管理需要有效的规章制度来规范教师行为。在负强化的基础上，更应该利用正强化效应，帮助教师尤其是青年教师制定自身的发展目标，并在教师目标的实现过程中实施有效的激励，使教师实现自我再造，充分发掘自身潜能，为教师向更高层次发展和更高价值的自我实现提供可能。

教师资源的管理应尽可能地由学院来进行，大学层面应主要负责宏观的督导与引导，其原因主要有以下三个方面：

第一，教师的管理权过分集中到大学手中，在很大程度上造成了教师和大学的对立，教师对大学的管理措施产生抵触思想，大学科层制的组织结构使大学的管理措施在实施过程中效率较低，是造成大学行政失灵的主要因素。按照治理理论的观点，对人力资源的管理应调动全方位的力量，特别要发挥学院在教师资源管理中的作用。

第二，学院是大学学科建设和发展的主要承担者，更了解学科建设中对教师资源的需求，而根据发展目标进行有针对性的管理是现代人力资源管理理论的应有之义。

第三，学院更了解教师在个人发展中的需求，在管理中更能体现对教师的人文关怀。

（二）大学要实行真正的教师聘用制

对大学来说，推行聘用制的主要目的是打破教师职务终身制，改变教师对大学的人身依附，克服教师在职称评聘过程中的论资排辈现象。

鉴于此，大学的聘任制应做好以下几个方面的工作。

1. 科学设置岗位，下放岗位聘任权限

一是要根据大学的岗位总数以及各教学单位承担的教学任务情况，科学测定各单位编制；二是将岗位分成关键岗位和一般岗位，关键岗位由大学聘任，一般岗位则根据各单位编制情况，综合考虑学科发展等因素，合理地分配到各个单位，由各单位自行聘任。

2. 合理设置任期

任期设置的合理与否，将直接决定聘任制推行的成败，任期过长，则起不到聘任制应有的激励作用，使低职称者努力的动力减退，而对高职称者又起不到刺激作用。任期过短，一方面增加教师担心失业的心理负担；另一方面使功利性的研究活动增加，违背了科学发展规律，不利于教师从事科研活动的独立性和从事长期的基础性研究。同时，具备条件的大学应实行低职称教师在一定年度内的非升即走制度，在聘任到期后，如果通不过专门委员会对其进行的教学效果、科研能力以及学术水平的考核，就必须离开大学，这将极大地促进年轻教师勤奋上进，不断提高专业水平和敬业精神，还将对人才的流动和学术的交流起到积极的促进作用。与此同时，我们不妨在特定的群体内尝试终身教授制，对那些对大学发展做出突出贡献、在大学的学科建设和教师梯队建设中举足轻重、在国内外有着极高影响力的大师级学者授予教授终身制，使他们能够安心从事研究工作，特别是一些科研周期长、工作量大的基础性研究工作，这将有利于对学科内的教师梯队建设起到传、帮、带的作用。需要指出的是，教授终身制在实行过程中人数不能过多，还必须坚持宁缺毋滥的原则，其最终授予权应掌握在代表大学最高学术水平的校学术委员会手中，以防止权力滥用。

3. 完善聘任程序

大学要制定规范的聘任办法，并且在办法的制定过程中广泛征求教师意见，让教师积极参与到聘任制度的制定中来。在聘任程序上应公开、公正、公平，坚决杜绝人为操作。对于大学关键岗位的聘任，必要时可以聘请国内其他大学的同行专家对申请人进行鉴定；聘任工作应面向全社会公开，考核过程和结果也都要进行公示；建立教师申诉制度，如教师对聘任结果有异议，可以到指定的申诉部门申诉，申诉部门必须受理教师的异议投诉，并在规定的时间内予以答复。

4. 要与政府职能部门一起做好未聘教师的生活保障工作

特别是在推行聘用制改革的初期，除了政府职能部门要做好未聘教师的社会保障外，大学也应在能力范围内，为教师再就业创造条件，保证教师队伍的稳定。在聘任制的推行过程中，教师身份的转变是重点也是难点，只有改变教师对大学的人身依附，完成从"大学人"到"社会人"的转变，建立大学与教师间真正的契约关系，聘任制才有可能真正实行。

(三) 完善教师绩效考核评价体系，建立科学的教师工作量核算模型

1. 完善教师绩效考核评价体系

(1) 对教师进行绩效考核的原则

要从教学和科研两方面综合平衡考核，不能厚此薄彼。在大学的日常管理中，很容易出现重科研轻教学的现象，这一现象又容易导致一线教师教学兴趣的丧失，把主要精力放到科研上，无心进行教学以及教学法的研究，致使教学质量下降。由于对科研考核的重视，反而使科研成果日益大众化，学术价值大打折扣，同时由于教师争相进行科学研究，导致科研经费的收益下降，出现大学教师管理模式研究的规模较小。

(2) 考核过程要公开、公正、公平

公开原则是指对教师的考核过程、考核标准以及考核结果要公开，不能搞暗箱操作，不能人为干预；公正原则要求考核者在考核过程中要实事求是，不能人云亦云、送"人情分"，更不能打击报复，考核者应在教师中有威信，有较高的学术地位，教学效果的公认程度高；公平原则是指应综合考核教师，不能因某一点原因就

全盘否定教师的所有努力，还要给教师申诉的权利和机会。

（3）要做好考核结果的反馈和利用

考核结果要及时反馈给教师，没有反馈的考核是没有任何意义的，同时，对考核结果应有所说明，否则考核就只是一句空话，没有任何实际意义。

（4）考核应采用量化指标，又不能绝对量化

量化的指标可以更明确地评价教师的教学和科研工作，它不像描述性评价容易掺杂个人主观因素，量化的考核也可以通过调整权重等方法使评价更科学。但在设计量化指标的时候，要充分考虑到质的方面的因素，不能单单考虑授课学时、发表论文数量等，否则容易产生教师对量的追求而忽视对质的追求的导向作用。

2．工作量定额

一般来说，大学教师工作量包括教学工作量和科研工作量两部分。大学对科研成果的认定因科研与教学之间不可换算而形式各异。按照教育部规定，教师科研工作量、指导学生以及论文等工作量的总和应占教师总工作量的三分之一，占教学工作量的二分之一。

3．工作量核算

在工作量的核算上，大体可以分为两种方法：一是教学与科研单独核算；二是将教学工作量和科研工作量分别量化，赋予一定分值后加总，然后根据总分对教师的工作总量进行排序。这两种统计方法都有各自的缺点：第一种不易于管理者掌握教师的工作总量；而在第二种方法中，教学与科研是两个不同性质的量，直接相加不能准确反映教师的实际贡献，与实际也有较大误差，而且适用范围十分有限，只能在同一类课程或专业内进行比较排序。因此，大多数大学倾向于教学工作量与科研工作量分别核算，笔者也赞同这种计算方法。

（1）教学工作量的核算

教学工作量不应仅仅是教学授课工作量与班级系数简单的加乘计算，还应考虑到质的因素。同样讲授一门课程，有的教师讲课认真、备课充分，教学方法深受学生们欢迎，教学效果好，而有的教师则可能要差许多，如果按同样系数计算工作量，则教学好的教师可能会心理失衡，应该将教师的教学效果计算到教师的工作量中。

（2）科研工作量的核算

科研对于教师来说，能够使自己与自己学科领域的新进展保持一致，从而进行

高质量的教学，学术研究的过程和结果往往能改变教学的内容和方法，因此，大学教师必须从事一定的科学研究。但就工作量的核算来说，由于科研成果的学术性价值难以评估，从而给核算工作带来了很大的困难。在核算科研工作量时，只能根据教师科研成果的类型以及级别进行核算。科研工作量主要包括发表论文、承担课题、出版学术专著。很多大学将教材视为科研成果的一部分，而在实际工作中，绝大部分的教材反映不出作者的学术思想和学术水平，它更侧重于衡量教师对专业知识的掌握程度，缺乏对专业领域新探索和新问题的探究，其学术价值不大，更应成为教师教学活动的一部分，建议在教学工作量中予以核算。在科研工作量的核算上，我们要给予那些从事周期长的基础性研究的教师一些特殊政策，比如，如果经学术委员会认定，该教师的科研活动有较高的学术价值，可以在成果出来之前，按阶段认定该教师的科研工作量，并在研究成果出来后，根据实际情况核算其科研工作量。

4. 加强师资队伍建设，实施有效的激励机制

根据大学以及学科的发展需要，有针对性地对教师进行培养，同时建立有效的激励机制，调动教师在工作中的主动性与创造性，这是对大学教师按照现代人力资源管理模式进行管理的重要特征。

（1）师资队伍建设的基本措施

在师资队伍建设中，应在建设规划、人才引进和教师培养等方面制定行之有效的措施，特别要注意以下几点：

第一，教师队伍建设要着眼全局，要有前瞻性。教师队伍的培养首先应有全校性的指导性培养方案。全校的培养方案应是大学管理者根据大学师资队伍的现状，包括教师队伍的年龄结构、学历结构、学员结构以及学科间的数量结构，制定本校的教师队伍建设规划。各学院应根据本部门的师资队伍状况、教师个人的发展潜力和发展需求情况以及学科的发展需求制定详细的师资队伍培养规划。学院的培养规划要从学科建设的需要出发，要有前瞻性，同时还要充分考虑到教师的个人发展的需要。对教师的培养既要加强对精英人才的培养，培养出学科的学术带头人；也要加强对中坚力量的培养，这是大学教学的主干力量；更要加强对青年教师的培养，建立起一支老中青结合、结构合理的教师梯队。

第二，要做好人才引进工作。在大学的师资队伍建设中，人才引进对充实教师队伍，完善知识结构，活跃科研氛围起着重要作用，而且，人才引进政策起效快，

对学科建设的作用明显，往往成为管理者首选的建设措施。但我们应注意到，人才引进政策虽然容易出成绩，但副作用同样明显。由于给予引进的人才极高的待遇，使大学的优秀人才产生心理落差，挫伤了他们的工作积极性，最终造成人才流失；各大学纷纷用高薪吸引人才，虽然在客观上促进了人员流动，但却增加了大学的办学成本；容易引进的人才稳定性差，特别是频繁在大学间流动的人才，往往不能对大学的学科建设起到应有作用。鉴于此，在制定引进人才政策的时候，要根据公平理论，对给予引进人才的待遇进行恰当设计。引进的人才必须对学科建设起到积极而有效的推动作用，要人有所值，而且同时还要给予本校内同等层次人才相同的待遇，以免打击其积极性，造成优秀人才外流。

（2）建立科学的激励机制

根据斯金纳的强化理论，人的行为是否重复发生，与该行为发生后给予的强化有关。如果行为发生后产生了令人满意的效果，则这一行为最有可能重复发生；反之行为发生后产生了令人不满的结果，那么这一行为将不太可能重复发生。同时，他不赞成使用负强化，认为会产生不愉快的影响，而且当行为不被强化时，便倾向于逐渐消失。根据赫茨伯格的"双因素"理论，保健因素不加以改善，员工一定会产生不满，但改善后也仅仅是消除了不满，无法使员工产生满意感；而激励因素不加以改善不会使员工产生不满，但改善后一定会使员工产生满意感。人力资源管理学提出，从"以物为本"向"以人为本"的价值观转向，使有效激励成为管理工作的核心。大学教师作为一个特殊群体是大学办学的主体，是实现办学目标的主导力量，这就向大学管理者提出了更高的要求。如何充分调动大学现有教师的内在动力因素，把教师为实现目标的主导力量落实在工作的各个环节上，提高教师的教学水平、科研水平、创新能力以及为人师表的自觉性，是大学教师管理中的主要内容。科学的激励机制应根据受众的不同特点采取不同的措施。根据大学教师群体的特征，大学教师的激励措施应遵循以下原则：

第一，激励措施应将物质鼓励和精神鼓励结合起来。大学教师群体在个人的需求上对高层次的需求明显高于其他人群，注重精神激励会起到良好的效果。

第二，激励过程要注重公平性原则。根据美国心理学家亚当斯提出的公平理论，不公平使人的心理产生紧张和不安的状态，对人的行为动机有很大影响。当个人认为自己受到了不公平的对待，就会产生不满和消极行为，每个人都是用主观的判断来看待自己是否受到了公平的对待，在某种程度上，对奖励的相对值比绝对值更加重视。

第三，激励要注重时效性。奖励的时效对奖励的激励效果有很大的影响，它包括两方面的含义：一是奖励时机的选择。应在令人满意的行为发生后立即予以奖励，亦即正强化，这样强化的效果才最好。二是奖励频率的选择。奖励不能太频繁，太频繁则使其容易形成习惯，起不到激励的作用；而频率太低则会降低教师的期望值，打消教师的积极性。一般来说，长期性的、完成较困难的任务以及在工作满意度高的工作岗位，激励频率应小一些，但要让他们感到劳有所值；而经常性的、容易完成的工作和工作比较艰苦的工作岗位应经常进行激励。

第四，激励要适度。"中庸之道"是我国几千年文化的积淀，中庸是要我们做事时把握好度，而不是简单的折中。激励的大小要与大学的承受能力、劳动的价值相适应才能服众，才能起到良好的激励效果。激励太多，容易产生不劳而获的心理预期，产生不了工作的动力；激励太少，劳而无获，同样也产生不了积极性。

（3）有效的激励模式

第一，在薪酬制度设计上，要突出工作量对薪金总额的影响。过于平均的薪酬制度设计容易使教师在达到一定目标后产生惰性，如果在现有职级的基础上进行分化，同时拉开各级别间的薪金额度，可以使教师即使达到了某一级别仍有向上努力的空间。特别是教授岗位，因往上职称已经到顶，可以在那些距离带头人层次尚远的教师群体中设置教授的级别，只要达到了一定的教学工作量、教学效果以及科研工作量等，就可以拿到比未达到的教师高得多的薪金，这样设置的标准就成为一种导向。

第二，树立目标，激发教师的心理预期。这也是我们经常说的目标激励法。有关目标设定的研究表明，设定恰当的和富有挑战性的目标能够产生强烈的激励作用。目标太低，激发不了积极性；目标太高，由于实现无望也同样产生不了积极性。目标的设定应遵循以下原则：一是目标要有挑战性，要具有一定的难度；二是目标要有可实现性，即目标是教师经过自身的努力可以达到的；三是目标要具有量化指标，设定的目标不能是一个模糊的概念，要有数量和质量的指标进行表示，以便于考核；四是目标应由教师参与制定，所有教师至少绝大多数教师都可以广泛参与；五是目标的制定要与大学的发展目标一致。大学要加强学科建设，提高教学质量，提升科研水平，改善教师结构，那么在教师的考核、酬金发放、职称评聘以及对教师的培养等方面都要恰当地提出对个人科研水平、教学质量以及知识结构、个人能力等方面的目标，这同时也是一种导向作用，使个人目标得以实现，间接达到大学目标的实现。

第三，公平对待教师的劳动是最好的激励措施。这里所说的公平，不是平均主义，而是按劳分配上的公平。我们在日常的工作和生活中，总是会与其他人进行比较，从而产生公平感或不公平感，教师同样如此。教师对激励措施往往更看重横向的比较，看其他人在付出同样多的劳动后得到的激励与自己获得的激励是否一致，而非仅仅是获得激励的绝对数量，而且，这种比较绝对的激励对教师来说更为重要。因此，不公平的激励在效果上甚至不如不激励。

第四，言必信，行必果。要注重对激励措施的兑现，不能只说不做，这包括两方面的含义：一是在制定激励措施时，要充分考虑大学自身的承受能力，不能做出超过大学支付能力的承诺；二是做出的承诺就要兑现，即使当初的承诺已对大学的发展失去了意义，但在大学没有明确停止激励前，仍需要兑现，这样会使教师免除付出劳动却无法获得回报的后顾之忧。

第五，教师参与决策是对教师的最大激励。教师参与决策是治理理论在大学管理中的一种实际体现，也是发扬民主、满足教师受尊重和信任的需要，同时能增进决策者和教师间的了解，创造出相互信任的心理氛围，还能增加教师的满足感和归属感。教师参与大学政策的制定是大学合理、正确决策的必要条件，而合理、正确的决策本身就是对教师最好的激励措施。现代管理心理学认为，在一个团体中，经由民主讨论而做出的决策比由领导者独断专行做出的决策能更多地获得成员的关心和支持。教师参与决策，从实际行动上证明了教师是大学的主人，而不是旁观者。教师参与决策的方式有很多种，如教师代表大会、经常性的沟通以及成立各种由教师为主导的委员会负责专项事务的管理。教师参与决策，可以充分利用大学教师群体的高智力资源，有利于决策的科学性和合理性，还可以体现教师在大学的主人翁地位，使教师感到自身的利益和大学的利益息息相关，更有利于调动教师的积极性，使教师资源得到更充分的利用。

（四）构造和谐氛围，形成独特的校园文化

校园文化是一种特殊的社会亚文化，是在特定的环境中创造出来的，与社会、时代密切相关又相对独立，有着鲜明校园特色的人文氛围、校园精神和环境。校园精神是校园文化的核心，是大学师生员工价值观和人生观的综合反映，是共同的理想、信念、追求，共同的行为规范和标准模式的综合体现。校园文化对教师的影响是看不见、摸不着的，也往往被管理者所忽视。现代的校园文化建设是现代人力资源管理理论与传统的人事管理制度之间的重要区别之一，校园文化建设对大学发展目标的实现起着保障和促进作用，主要表现在：首先，校园文化可以有目的地引导、塑造大学内部成员的行为，增强教师行为的一贯性；其次，文化本身就是一种黏合剂，可以将不同个性、不同思维方式甚至不同价值观的教师黏合在一起，增强教师队伍的凝聚力；再次，校园文化使教师在思想上自觉地将自己与其他大学区别开来，从而对增强教师对大学的认同感和归属感起到积极的促进作用；最后，校园文化使教师自觉地将自身利益与大学的总体利益联系在一起，将教师个人的发展目标与大学的总体目标联系在一起，教师与大学荣辱与共。

校园文化的形成非一朝一夕之功，而是在长期办学实践的基础上，经过历史的沉淀、自身的努力和外部环境的影响，逐步形成的一种特殊的社会文化形态。罗马不是一天建成的，但我们却不能因此而忽视了对校园文化的建设，教师作为其中的一份子，应该积极地投入校园文化的建设过程中，为校园文化的发展做出努力。

校园文化建设的首要任务之一，就是传承大学的悠久历史。以史为鉴，可以知兴替，历史是我们最好的老师。从大学的发展历史中，我们可以总结出大学建校以来发展中的成功经验和失败教训。大学发展的荣辱兴衰，可以培养教师的自豪感和归属感。校园文化建设还要弘扬科学精神。科学精神是学者在长期的研究活动中形成的价值观和行为规范，是他们人格和精神气质中的精华，有着深刻的思想内涵和极强的思想文化教育功能。科学精神就是创新精神，没有创新，科学将失去生命力。在大学中弘扬科学精神，有利于教师正确树立世界观、人生观和价值观，有利于掌握科学的学习方法和研究方法，有利于教师深入地开展科学研究，提高教学质量和学术水平。

加强校园文化建设，不仅要给教师提供学术自由的发展空间，更要充分调动教师参与大学建设的积极性，为大学的发展献计献策。

加强校园文化建设，要建立和谐的人际关系，要创造良好的校园文化氛围，让教师能集中精力搞好科研和教学，使教师能体验到自身存在的价值，使其被尊重、被关心、被爱护的需要得到满足。良好的校园文化氛围能维持并增进教师的心理健康，保证教师群体间的团结与合作。主要措施有以下几点：首先，改进领导作风，改善干群关系。领导者和管理者要平易近人，遇事要与教师多进行沟通，在工作上要协调一致；其次，应尊重教师在学术上的不同意见，尽可能地为教师创造良好的工作环境，关心教师生活上的困难，解除教师的后顾之忧；再次，大学要为教师间的人际交往创造良好的条件，消除各种障碍因素；最后，要加强对教师队伍中师德高尚、学术造诣突出、教学质量优秀的教师的宣传，使全校形成一种重品德、重知识、重人才的良好风气，使人力资源管理主体与教师之间形成一种互惠互利、默契双赢的局面。

总之，我们要把良好的校园文化作为大学效益、质量、规模协调发展的关键因素，并围绕大学的办学目标合理规划，优化配置人才结构，更充分地发挥大学人力资源的效益。

第四章　大学生管理

第一节　大学生事务管理机制

一、大学生事务管理机制的内涵

界定大学生事务管理机制是研究大学生事务管理机制创新的前提，只有准确地理解了大学生事务管理机制，明确了大学生事务管理机制的功能，才能在理论上回答大学生事务管理机制创新的必要性。

（一）大学生事务管理的概念

1. 大学生事务的内涵

关于大学生事务的理解主要观点有两种：一种是"课外活动说"，认为大学生事务管理指的是大学生课外的一切活动及其管理。第二种是"课外活动和非学术性事务说"，大学生事务管理是大学通过大学生课外活动和非学术性事务对大学生施加教育影响，以规范、指导和服务大学生，丰富大学生校园生活，促进大学生成长成才的组织活动。

而实际上，学生事务是指大学通过指导、规范和服务于大学生的成长过程，以促进其全面、均衡、可持续发展的课外活动和非学术性管理活动。它涉及了招生、报到注册、就业指导、住宿生活、学习进程、课外活动、贫困资助、心理咨询、医疗服务等方面。它有四个作用：①引入作用，包括招生、大学生注册和日常记录、社会捐资助学等；②服务作用，包括大学生日常行为管理、学习咨询、心理健康教育、生活辅导、大学生宿舍管理、饮食服务、大学生组织管理、社团活动开展、安全保障、医疗保健等日常内容；③媒介作用，包括就业指导、职业咨询、社区服务和校友事务等工作内容；④感召作用，在整个大学生工作中，对大学生的人生观、价值观的道德教育是潜移默化的，辅导员在其中起到了很大的作用。

2．大学生事务管理概述

（1）大学生事务管理概念界定

大学生事务与大学生事务管理是高等教育的产物，学术事务主要是指与大学生相关的各种教学活动的总称，而大学生事务包括大学生的各种课外生活、大学生活动、社团组织、生活住宿、思想情感交流、心理意识、个性发展、就业指导等非学术事务及其有关的课外实践活动。大学生事务管理是指对大学生相关事务的组织、管理、服务和指导。

随着我国大学生管理的专业化程度越来越高，以及国外大学生事务管理的不断发展与传播，大学生事务管理更能够顺应时代发展的步伐，也就逐渐替代了大学生工作的习惯用法。大学生事务管理概念界定主要有如下几种代表性的观点：

①大学生事务指的是大学生的非学术性活动或者是课外活动。大学生事务管理则指的是对大学生的非学术性活动和课外活动的管理。

②大学通过非学术性事务和课外活动对大学生施加教育影响，以规范、指导和服务大学生为目的，丰富大学生校园生活，促进大学生成长成才的组织活动。

③大学生事务管理即大学生非学术性活动和课外活动的组织指导和管理，涉及大学生社团、各种课外活动、文体活动、经费资助、大学生心理卫生、纪律和法律、健康医疗、就业指导和学术支持等多个领域。

④从大学生事务管理要素的角度，大学生事务包含大学生、专业人员、具体事务以及大学生事务专业四个部分。大学生和专业人员既是大学生事务的主体，也是其基本的人员要素；具体事务是主体之间交往活动的载体，大学生事务专业则是在大学生与专业人员不断进行的交往活动中形成的一个组织与知识系统。这四要素之间是一个密切关联的整体，彼此间相互作用。

⑤大学生事务管理是指大学的专门组织和大学生事务管理者依据国家的法律、政策和人才培养目标，在一定的大学生事务管理价值观指导下，运用相关专业知识和技能，配置合理的资源，提供促进大学生发展事务的组织活动过程。

综上所述，大学生事务管理是指大学和教育机构通过专门组织和专业人员依据相关法律法规以及我国高等教育目标，在大学生发展理论等相关理念指导下，运用专业知识和技能，合理配置教育、管理资源，协调处理大学生事务与学术事务，促进大学生全面发展的组织活动过程。

（2）我国大学生事务管理的内容

大学生事务管理的内容与高等教育的改革发展密切相关，其主要职责是为大学生提供一个既强调责任，能让大学生自由成长的广阔空间，实现大学生自由而充分的发展。

按照现有颁布实施的高等教育政策法规，我国大学生事务管理的内容分为以下几类：一是学籍管理类，即大学生的入学、注册、毕业、肄业、转专业、转学、休学、复学和退学等；二是奖励惩罚类，即对学习成绩优秀、日常表现良好的优秀集体和个人给予适当的表彰奖励，对违反校规校纪、造成严重影响的集体和个人给予相应的处罚，以便维护正常的校园秩序；三是社团管理类，鼓励大学生参加自己感兴趣的社团，让大学生在日常的社团活动中提升自身素质，实现个体的全面发展；四是教育指导类，即新生入学教育、日常思想政治教育、毕业生教育等，及时给大学生阶段性的教育指导，引导大学生健康发展；五是服务大学生类，即大学生住宿、就业指导与职业生涯规划、大学生资助、心理健康咨询、学习辅导等。

（3）基于大学生发展的大学生事务管理的特征

①以大学生发展为本。基于大学生发展的大学生事务管理是以大学生发展为本的，秉承大学生发展的理念，真正做到大学的教育、管理、服务从大学生发展的角度出发，从而促进大学生全面和谐、有个性的发展，实现大学生事务管理的管理育人宗旨。

第一，从大学生的发展出发。大学生事务管理不管在理论指导还是具体实践中都将大学生发展作为出发点。第二，促进大学生全面和谐发展。以大学生发展为本的大学生事务管理最终的目的是促进大学生的全面和谐发展，这是大学生事务管理在质的方面的体现。第三，全体大学生都获得发展。大学生事务管理面对的是全体大学生，我们要全面看待大学生，平等地为大学生提供教育和服务。促进全体大学生的发展是以大学生发展为本的大学生事务管理的量的表现。第四，尊重大学生个性发展。大学生作为独立的个体，其个性差异非常明显，以大学生发展为本的大学生事务管理尊重大学生的个性差异，针对大学生的个性提供不同的服务与指导，对待不同个性的大学生的管理方法也会因人而异。第五，大学生主动发展。基于大学生发展的大学生事务管理把大学生作为管理活动的核心，充分调动大学生的积极性和发掘大学生的潜能，打造"以大学生发展为中心"的新模式，将教育人、引导人与关心人、服务人融为一体。

②以服务促发展。基于大学生发展的大学生事务管理打破了目前管理为主的现状，服务作为新的工作宗旨被单独提出，从大学生发展的角度出发，满足大学生合理的需求，给广大学生提供优质的、全方位的适应大学生发展需求的服务。全方位

的服务涉及大学生的生活、学业、就业、课外活动、经济资助、健康与心理等咨询服务，同时也会根据时代与大学生发展的需求，及时注入新的服务内容，实现服务促进发展、发展引导服务的目的。另外，基于大学生发展的大学生事务管理具有科学合理的服务方式与方法。全方位的服务需要科学有效的方式方法来支撑。提供服务的方式不仅仅限于各种大学生服务咨询处的设立，而且还要在这个基础上，挖掘隐性的服务方式，提供主动式的服务，渗透到大学生社团活动、大学生科技小组等，让大学生在活动中主动参与服务与管理。

③大学生事务管理逐步专业化。基于大学生发展的大学生事务管理的重要特征之一就是要求大学生事务管理逐步专业化。在满足大学生需要的基础上逐步注重管理的专业化发展，使大学生事务管理在理念、内容和队伍建设等方面逐步实现专业化。理念上逐步用大学生发展的理念替换传统的"社会本位""大学本位"的理念，发挥理念的先导作用，为大学生事务管理提供更为专业的理念指导；内容上逐步更新大学生事务管理的内容，在就业与创业指导、心理健康、大学生资助、生活服务等方面为大学生提供专业化的指导与帮助；队伍建设上逐步健全选拔聘用机制、职业化建设机制、培训机制、考核激励机制等。

（二）大学生事务管理体制和机制含义

大学生事务管理体制包括大学生工作管理行政体制和大学内部大学生工作管理体制。其中，大学生工作管理行政体制是指大学组织、领导大学生工作的机构设置和权限划分。大学内部大学生工作管理体制是指国家组织、领导大学生工作管理的机构设置和权限划分。

大学生事务管理机制应当是大学生事务管理活动中各种因素相互之间如何运行，尤其是管理主体如何影响、作用于管理对象的方式、方法。

大学生事务管理体制主要是管理主体的权限划分，是管理主体与管理对象、管理工具、管理理念、管理目标等之间的静态关系。而大学生事务管理机制则是大学生事务管理中各种因素之间的相互作用、相互运动的动态过程和关系。大学生事务管理机制是内容、目的，大学生事务管理体制是形式，是为达成大学生事务管理机制的载体，由管理机制决定，又反作用于管理机制。

（三）大学生事务管理机制的功能

1. 体现管理理念的功能

大学生事务管理理念是大学生事务管理的指导思想、价值目标。但大学生事务管理的理念要得以体现，并不是通过体制。因为大学生事务管理体制仅是管理主体的设置与权限划分，是管理活动各种要素的静态关系，管理理念不能通过体制得以实现和体现。但大学生事务管理机制是管理活动各种因素之间运行的关系和动态过程，其以一定的管理理念为指导，又以管理理念实现为目标。管理理念是通过运动的过程来体现和实现的。因此，大学生事务管理的理念只有通过管理机制才能得以体现和实现。

2. 实现管理目标的功能

大学生事务管理是按照大学的培养目标对大学生进行人生观和价值观等教育，促进大学生全面发展和培养适合社会需要人才的工作。如果管理体制是配置管理活动各因素的话，管理机制则是各因素的相互作用和运行状态。因素的相互作用和运行才能发挥各因素的功能，最终实现管理目标。因此，大学生事务管理机制具有实现大学生事务管理目标的功能。

3. 完善管理体制的功能

内容决定形式，形式为内容服务。形式对内容又有反作用。大学生事务管理体制和管理机制的关系就是形式与内容的关系。大学生事务管理机制是内容，管理体制是形式。大学生事务管理机制决定了应当采用什么样的管理体制，管理体制应当为管理机制服务。但是，管理体制对管理机制又有反作用，可能促进、也可能阻碍管理机制的实现。当管理体制阻碍管理机制的运行时，应当变革、完善管理体制，以适应管理机制。实践上，从既有状态来说，大学生事务管理体制决定了大学生事务管理机制。但从变革的角度，则需要以大学生事务管理机制的定位来引导大学生事务管理体制的变革。因此，大学生事务管理机制可以促进管理体制的完善。

二、大学生事务管理机制的制约因素

大学生事务管理机制对于促进大学生发展和培养社会需要的人才具有重要意义，但当前的大学生事务管理机制存在诸多不足，这在理论上和实践上都要求大学生事务管理机制创新。但大学生事务管理机制创新需要明确大学生事务管理机制的制约因素，这是机制创新的基础。因为大学生事务管理是系统性工程，是由管理主体、管理对象、管理内容、管理理念、管理目标、管理工具等要素综合作用的活动。

（一）管理理念指导作用和管理目标的引导作用

人的实践活动是受一定思想支配和有目的的，人由客观存在引发主观思想，又由主观思想见之于客观行动。因此，人的行为是自觉的行为。大学生事务管理活动也是实践活动，是受人的思想和目的支配的。其中"思想"即管理理念作为大学生事务管理的价值准则，必然是管理机制建立的价值准则，起指导作用。而"目的"最直接的就是管理目标，是大学生事务管理要达到的预期结果。由于管理机制是运行管理活动各因素以实现管理目标，因此，管理目标反过来引导管理机制的建立和完善。

大学生事务管理是思想政治教育工作。教育应当是一种自觉地、有目的地影响人的身心发展，把自然人转化为社会人的过程。因此，要通过大学生事务管理，培养大学生具有正确的人生观、世界观，坚定的理想信念，健康的生活态度，良好的责任意识、道德观念和法律意识，促进大学生的全面发展，并使之成为"有理想、有道德、有文化、有纪律"的符合社会主流价值观规范的公民。这一管理目标引导大学生事务管理机制创新。

（二）大学与大学生关系的基础作用

大学生事务管理活动是管理主体对管理对象施加影响的活动及其过程，无论是管理理念，还是管理目标、管理工具等都是围绕管理主体与管理对象的关系展开的，是管理主体以管理理念为指导，运用一定的管理工具或手段，对管理对象施加影响，以实现管理目标。因此，大学生事务管理机制的基础是大学与大学生的关系。

而学界关于大学与大学生之间的关系的分析是多重的，既有民事法律关系的存在，也有行政法律关系的存在，还有混合型关系。所谓行政关系，是公民与行政主体之间因特别的行政义务而形成的权力服从关系，行政主体可以行使总括性支配权，对处在特别行政关系中的相对人发布命令，采取强制措施。民事关系则是依据法律法规条文或者双方签订合约进行的，大学可以自主地面向社会提供高等教育服务，公民也可以在符合某些条件的前提下自愿进入大学接受高等教育服务，双方完全基于平等、自愿的原则缔造高等教育服务合同，形成合同关系。混合型关系是指大学特别是综合性大学内部出现了不同层面上的不同的管理关系，在大学生管理层面上存在着行政法律关系，因为学生仍然是大学管理中的相对人；在教学管理层面上又存在着平等的教育契约关系，大学给予大学生一定的选课、选教师的自由；等等。

（三）管理对象特点的选择作用

在大学生事务管理中，管理对象的核心是人，对组织中的"人"采取一定的管理措施和方法，则离不开对人的认识。而关于大学生的"人性假设"有诸多理论。

第一种理论假设大学生是"自我实现人"。认为人生来就是勤奋的，具有主动性、非消极的客体。如果没有不良条件的限制，运用体力和脑力从事学习和工作，如同游戏和休息一样自然。外来的控制和惩罚的威胁并不是促使人为实现组织目标而努力的唯一方法。人在达到自己所承诺的目标过程中，是能够自我约束、自我控制的。如果给予机会，大学生会自愿地把他们的个人目标与组织目标结合成一体。在这种人性假设下，管理对象自然有自觉意识和行为，因此，管理机制当然就是放任性的无为而治。

第二种理论假设大学生是"社会人"。认为大学生不仅仅是关心自己个人的物质利益，还会追求人与人之间的友情、安全感和集体归属感。大学里人与人之间的关系是决定大学生的学习努力程度的主要因素。因此，管理主体应当建立和谐的人际关系来促进教育和大学生学习的发展。从而决定大学生事务管理机制应当是建立和谐的关系。

第三种理论假设大学生是"理性人"。认为大学生不但是有理性的，同时也是经济人，即能够认识并追求个人利益最大化的人。在寻求个体利益最大化的同时，这个人又受"无形之手"的影响，他所考虑的不是社会的利益，而是他自身的利益，由于理性人存在很大的自私利己性，受外界环境影响较大，需要有"有形之手"进行管控才能满足需求，因而决定的管理机制应当是命令型管理机制。

（四）管理主体素质的能动作用

大学生事务管理主体作为教育主体，应身先示范，他们的受教育水平，人生观、价值观的定位，品德品行，审美水平，自我认知和创新发展精神等素质不仅影响采取何种管理机制，而且决定了相应的管理机制能否得以正常运行。

管理主体的素质对管理机制实现的能力作用主要体现为：当管理主体素质适用管理机制的需要时，促进管理机制的实现。当管理主体素质不适用管理机制需要时，就阻碍管理机制的实现。阻碍作用表现为改变现有管理机制的方向而变成另一种管理机制，或者使现有管理机制不能顺利运行。

综上所述，影响机制创新的因素主要有管理理念、管理目标、管理主体、管理关系。管理主体与管理对象的关系是基础，其他各因素在管理主体与管理对象的基本关系中起着不同作用。管理主体与管理对象的关系、管理理念、管理目标、管理对象的特点是管理机制创新的决定因素，而管理主体素质等是管理机制创新的支撑因素。决定因素是决定采取何种管理机制的因素，支撑因素是确保管理机制实现的因素。

三、我国大学生事务管理机制的创新

大学生事务管理机制创新的决定因素是管理理念、管理目标、管理主体与管理对象的关系以及由此决定的管理工具。因此，借鉴发达国家的经验，我国大学生事务管理机制应当从管理理念、管理目标以及管理工具等方面进行创新，从而实现大学生事务管理机制的创新。

（一）我国大学生事务管理的理念创新

传统的大学生事务管理机制是一种强制性的纵向命令型管理机制。为培养21世纪所需的高品质的专门人才，需要改革传统机制，创建新型机制，以增强大学生管理工作的感召力和渗透力，首先就是进行管理的理念创新。所谓理念，是一种思想意识，是指客观事物在人脑中留下概括印象。理念作为一种思想意识，对人的行为具有重要的影响作用。管理活动及其规律在管理者头脑中留下的一些概括性的思想意识就是管理理念。管理的价值理念是管理原理、原则和管理方法的思想升华，是指导人们管理活动的灵魂。

1. 确立以人为本的管理理念

在传统的大学管理价值理念上，突出的是管理者作为教育者自上而下、绝对权威的信息灌输，强调"以社会为本"的价值取向，强调大学生事务管理的社会价值和工具价值。而现代的管理理念中，尊重人、依靠人、发展人、为了人成为重要的指导思想，并且大学生事务管理是以人为对象，是以马克思主义为指导，进行对人的研究和管理的科学，理应坚持以人为本，把以人为本的精神贯穿于大学生事务管理的内容和方法等各个方面，促进大学生的全面、健康发展。

大学生事务管理以人为本是一种把"人"作为管理的核心，作为组织最重要的资源，把组织内全体成员作为管理的主体，围绕如何充分利用和开发组织的人力资源，服务于组织内外的利益相关者，从而同时实现组织目标和成员个人目标的管理理论与实践，是大学生事务管理作为思想政治教育工作实现其内在价值（大学生全面发展）和社会价值、工具价值（社会需要）的统一。

2. 平等理念

平等是指人们在社会、政治、经济、法律等方面享有相等待遇。传统大学管理强调权威，强调上级和下级的关系，强调服从。随着人的主体意识增强，市场经济的等价交换概念促使人是需要享受平等。

大学生事务管理的平等理念就是师生之间人格平等，因而相互尊重，管理主体不能简单以命令管理对象，而在平等理念指导下，引导、说服管理对象。管理对象也不简单地服从，而是可以根据自己的需要选择适合自己发展的服务。

3. 公平理念

公平是指按照一定的社会标准（法律、道德、政策等）、正当的秩序合理地待人处世，是制度、系统、重要活动的重要道德品质。公平理论又称社会比较理论，其基本要点是：人的工作积极性不仅与个人实际报酬多少有关，而且与人们对报酬的分配是否感到公平更为密切。

在大学生事务管理中，大学生需要在大学的这个群体中找到自己的社会认同感和成就感，所以在学习生活中也需要公平，也就是自己所付出的努力能够得到相应的成绩和表彰。是否感到公平，所依据的就是付出与收获之间比较出来的相对报酬。当获得公平感受时，大学生就会心情舒畅，努力学习发展自己；当得到不公平感受时，大学生就会出现心理上的紧张、不安，从而使大学生采取行为以消除或减轻这种心理紧张状态。其所采取的具体行为如试图改变其所得利益或付出，有意无意曲解自己或他人的所得利益或付出，竭力改变他人的所得利益等。

大学生事务管理过程中必须坚持公平的理念，特别是涉及资助、表彰奖励、违纪处分、学业判定等方面，只有注重人的需要，重视人的价值实现，公平地对待每一个大学生，才能形成大学生事务管理的合力和向心力。

4. 效率理念

效率是最有效地使用社会资源以满足人类的愿望和需要。效率是一切管理学最重要的目的，也是任何组织涉及必须考虑的原则之一。大学生事务管理的效率应在三个方面体现出来：一是机构运行高速；二是机构工作高质量；三是整个管理系统运转灵活高效。为了提高效率，重视专业分工尤为重要。效率会随着专业化程度的增强而提高。而控制管理的幅度，通常是以被指挥、监督的人数来表示的。

传统的大学生事务管理中，院校两级体制，多重汇报的行政命令机制，使工作汇报繁复，管理多重，费时费力，现在国内大学的师生比大多超过了1：200的比例，大学生事务管理陷入纯粹的行政管理，而其思想政治教育性质没有得到很好的体现。在借鉴国外追求效率的经验中，只有坚持效率理念，提高大学生事务管理运行效率，才能实现大学生事务管理的内在价值与社会价值、工具价值。

(二) 大学生事务管理目标创新

大学生事务管理是思想政治教育工作，思想政治教育的内在价值就在于它是人存在发展的内在方式，是促进人的全面发展，思想教育工作又具有社会价值、工具价值。社会工具价值认为思想政治教育是指社会和社会群体用一定的思想观念、政治观点、道德规范对其成员施加有目的、有计划、有组织的影响，使他们形成符合一定社会或一定阶级所需要的思想品德的社会实践活动。大学生事务管理作为思想政治教育方式之一，也应当以人的全面发展和社会的发展为目标。

1. 大学生发展的哲学观

大学生发展理论是把大学生作为主体进行研究的理论，决定着在大学生事务管理中管理体制和管理对象的关系。这一理论的基础是学生发展的哲学观。大学生发展哲学观是逐渐发展而来的。它包括了几个阶段：理性主义、人道主义、实用主义和存在主义。

理性主义产生于17~18世纪，强调的是人的本性和知识的本性，主张人的本质在于他的理性特征，正是人类的智力和推理能力使人区别于动物。但理性主义认为教育的本质仅仅是智力的开发，否认大学生可以通过活动获得知识，忽视教育过程，不关心大学生的个性成长和个人发展等。当时的大学生事务应当为大学生的智力发展创建一个良好的氛围，大学生事务中的招生录取和转学记录只应当反映大学生的学业成绩和学术行为。大学生宿舍的管理和活动必须有助于大学生的智力发展，大学生的课外文化体育活动对于大学生的教育没有太多的帮助。咨询和就业指导服务对大学生的智力发展没有直接的帮助，所以也就没有任何意义，可见，对大学生所进行的"父母替代制"的管理和教育恰好在逻辑上符合理性主义的思想。

人道主义在18世纪随着人文主义教育思想的广泛传播而形成。人道主义认为教育是一项培养人的实惠事业，一切教育活动都是围绕人并且是为了人展开的，人是教育的核心。基于这一思想，高等教育除了开发智力以外，还应当有意识地去开发大学生个性的许多其他方面，应当满足大学生在智力、身体和精神各方面的需求。这些活动应当由专职大学生事务管理人员负责，以便让大学生有充分的时间进行学术学习。

实用主义产生于19世纪70年代，实用主义的特点在于把实证主义功利化，强调生活、行动和效果，它把经验和目的归结为行动的效果，把知识归结为行动的工具，把真理归结为有用、效用或行动的成功。实用主义认为，教育是人类理性和感情状态的和谐，高等教育的课程应当为从理论到实践的应用提供条件。实用主义强调"完整"大学生的全面和创造性发展，鼓励大学生利用实践进行学习并且应用知识去寻找问题的答案，为大学生提供机会运用知识去处理一些现实问题。

存在主义产生于第一次世界大战后。存在主义以主观性为第一原理，认为人的存在或者纯粹的自我意识限于本质，把个人作为教育的主体，把在发现自我境遇中进行个人的自由发展作为教育的基本目标；在道德教育上，它否认统一的道德标准，否认道德标准的阶级性，主张让大学生自由选择道德标准，认为知识的真实性要看它对个人主观的价值，教学应把个人主观性作为出发点。在高等教育方面，存在主义认为大学生对学习和自身发展负有责任。

从以上的介绍可以看出，个人或教育机构所接受的哲学思想不仅直接影响教育思想，而且还对大学生事务管理有很大影响，最终必然影响大学生的发展。大学生事务管理的哲学基础决定了大学生事务管理的结构组成、功能和所应采取的工作方式和方法。

2. 我国大学生发展的教育观

我国大学生发展的教育观包括三方面：全面发展、素质教育、和谐发展。

人的全面发展，就是人以一种全面的方式，也就是说，作为一个完善的人占有自己的全面本质，而人的本质并不是单个人所固有的抽象物，在其现实基础上，他是一切社会关系的总和。由此，我们得出人的全面发展应包括：人的活动的全面发展、人的社会关系的全面丰富、人的素质的全面提高和个性的自由发展。

而素质教育是指从培养有理想、有道德、有文化、有纪律的社会主义接班人出发，以全面培养受教育者高尚的道德情操、丰富的科学文化知识、良好的身体和心理素质、较强的动手能力以及健康的个性为宗旨，让大学生学会做人、学会劳动、学会健体、学会审美，是大学生德智体等方面得到全面协调发展的教育方针和教育活动。

所谓和谐发展，包括和谐与发展。也就是说，和谐作为一种哲学理念和社会追求，可以用于指导社会生产活动，同样可以指导大学生发展理念。一方面是大学生身心的和谐发展，另一方面是大学生自身与周围环境和社会的和谐发展。

　　高等教育的目标是促进大学生的全面发展和培养社会需要的人才。因此，大学生事务管理作为大学重要思想政治教育活动之一，也应当以大学生的全面发展和社会需要为目标。其中大学生的全面发展是大学生事务管理的内在价值，社会需要是大学生事务管理的社会工具价值，二者统一才是大学生事务管理的本质。

　　（三）大学生事务管理机制实现条件的保障创新

　　大学生事务管理机制的保障性因素有管理体制、管理主体素质等，大学生事务管理的纵横统一机制，尤其是未来的服务与接受服务机制的实现条件需要有相应的保障创新。

　　1．大学生事务管理体制保障

　　大学生事务管理体制是大学生事务管理机制实现的载体和保障。要实现命令与服务结合型管理机制和完全服务型管理机制，必须变革现有管理体制，建立新的管理体制。

　　构建大学生事务管理体制需要明确三个原则：第一个原则是严格管理制度，依法治校；第二个原则是以人为本，构建特色文化；第三个原则是弹性管理，保障大学生权益。因此，大学体制改革应有两个方面的内容：

　　第一，大学生事务管理工作机构扁平化，大学、学院、大学生、社会全部参加到大学生事务管理的工作中来，在校内与大学生有关的工作全部纳入大学生事务管理中心，大学主要监管学术事务工作，同时设立大学生事务管理监督组织，负责对大学生事务管理工作的协调和监督，社会提供大学无法提供的更好的服务，直接面对大学生，成立的大学生事务管理机构成为一种行业，有一定的行业规范，与大学既是合作又是竞争的关系，从而促进校内校外服务更专业化、高效化的发展。

　　第二，大学生事务管理工作目标明确：一是管事和理人要分清，坚持以人为本的观念；二是建立大学直接面对大学生的新的大学生管理组织模式，对不同大学生的特点做针对性的管理和服务工作，避免大学生事务管理的泛化；三是以法律为标准，营造依法治校环境，培养大学生的法律意识和自主、自治能力；四是深入提炼大学发展的思路，严格遵循大学发展的目标，积淀大学的文化特色，打造大学的个性发展前景。

　　2．大学生事务管理主体素质保障

　　大学管理主体素质对管理机制具有能动作用。而命令与服务结合型管理机制和完全服务型管理机制对大学生事务管理者的素质提出了更高要求。新的服务机制的建立，将使管理观念、管理制度、管理方式、学习观念均发生变化，大学生的主体地位不断被强化，学分制不断完善。而现代的学习观是全方位的学习观，是学做人，学思维。教师的职责就是教大学生如何做人做事，学会自己思考。这对管理主体的素质提出了高尚品格、高学历、创新意识及全面管理统筹能力等的要求。

提高大学生事务管理主体的素质，首先要做到管理主体专业化。管理主体应该具备的职业素养和职业技能，就像律师、医生等专业化的职业一样。大学生事务管理——一个多门知识和技能综合又自成专业体系的社会职业岗位，要求大学生事务管理者应当具有硕士以上学位，有心理学、人才学、管理学、法学、伦理学、政治学、历史学、社会学等方面的专业知识和技能，并有自觉的思想政治工作意识，这样才能为大学生提供专家化的服务。

其次是职业化。职业是人们为了获取物质报酬而从事的连续性社会活动，指人们从事的相对稳定的、有收入的、专门类别的工作。职业化与专业不尽相同，职业化是确定一个职业的专业性质和发展状态处于什么情况和水平，侧重于职业专业化程度的社会认同和制度确认。

3. 大学生权益的保障

命令与服务结合型管理机制一定程度体现了对大学生事务管理对象——大学生主体地位的尊重。完全服务型管理机制更完全将大学生作为主体。因此，命令与服务结合型管理机制和完全服务型管理机制的实现的重要理念之一就是尊重大学生权益。

一般来说，大学生的权利既包括生而为人的基本人权，又包括作为大学生身份所享有的法律规定的求学者所享有的权利，这是作为人和作为大学生所必需的、基本的、不可剥夺的权利。

保障大学生权益首先要健全法律法规体系。我国虽然已经制定了一系列法律法规来规范大学的办学行为，但是对于大学生权利保障方面的法律法规尚待健全或细化，为了规范大学生主体的行为，规范大学生管理和保障大学生的合法权益，很有必要制定大学生特别法。加强"大学生法"的研究和制定，把大学生的权利与义务、管理与奖惩等一系列问题以法律形式加以规范，这样不仅仅是对大学生权利的尊重和保障，更是对依法治校的促进和加强。

其次要培养大学生主人翁的权利参与意识。大学生作为自身权利保障的主体，应该对自己的权利有充分的认识并自觉维护。大学生从自身的角度需要树立权利意识，积极争取权利保障的实现。大学生应树立主人翁的意识，积极参与到大学生事务管理中去，充分行使监督权、建议权。在与大学生权益相关的重要的大学生事务管理中，实行由大学生参与的评议制度、听证制度。

再次要建立和完善社会保障。社会保障包括社会支持和家庭支持两方面，大学生事务管理立足于社会发展的大背景，大学生权利的保障和实现离不开社会保障。社会支持体现在支持和依法监督教育事业方面，社会支持主要是在公共文化设施及场所上对大学生进行优惠，为大学生实习和社会实践提供帮助，各种社会捐资助学等。在社会监督方面，《中华人民共和国宪法》《中华人民共和国教育法》《中华人民共和国高等教育法》都规定了社会参与大学管理和监督的权利。家长参与到大学生事务管理，能更好地发挥对大学管理的监督作用。大学应完善家长参与机制、制定规章，明确家长的职责。

最后要建立和完善环境保障。为大学生的全面发展和健康成才创造一流的校园环境是大学生事务管理得以顺利开展的良好保障。所谓环境，就是一种文化。其一是校园自然环境的优化能够折射出她的历史和文化积淀，大学生通过对校园物质文化景观的解读，从而获得其中的教育意义，形成自己的观念和思想。其二是各种教学和生活设施功能的完备，要求教学规模适中；报告厅种类繁多，功能完备；生活场所理想舒适，功能多样化；实验设施先进齐备，便于操作；图书馆服务周到细致；大学生健康中心与校外社会医疗机构有效对接；校园网络方便迅捷等。根据需求的不同随时进行调整，同时，为整合服务资源、提高服务效率，大学生事务管理还可建立"一站式服务中心"。其三是管理环境的支持，除了大学生部（处）等思想政治教育和日常事务管理机构外，在大学生事务管理中还有一些常设性机构促进大学生的全面发展服务，如大学生听证委员会，大学对违纪大学生处理时所设定的保障大学生权益的机构；申诉处理委员会，受理申诉人的申诉等。

大学生事务管理机制具有体现管理理念、实现管理目标和完善管理体制的功能，对于促进大学生全面发展和培养社会需要人才具有重要意义，但是我国当前的大学生事务管理机制以命令为特点，存在管理理念行政命令化、管理对象客体化、管理内容日常化、管理工具命令化、管理目标控制化的不足，不能适应培养目标大学生全面发展的需要。因此，我国大学生事务管理机制应当进行创新。

第二节　大学生管理工作的策略

一、创新大学生管理工作的理念

大学生管理工作理念是大学生管理工作的指导思想。在大学树立育人的科学发展观，其核心就在于坚持以大学生为本，确立以人为本的大学生管理工作理念，彰显对人的关怀。大学生管理工作作为大学管理工作的重要组成部分，必须在理念上有所提升、拓展和创新，用先进的新理念指导实践，来开发大学生潜能，陶冶大学生情操、提高大学生素质，促进大学生个性发展和全面提升。

（一）树立以大学生为本的理念，由管理为主转向以服务为主

"以人为本"就是坚持人的自然属性、社会属性、精神属性的辩证统一，是体现人文关怀的一种哲学观，是以人为核心，以人为基础，以促进人的全面发展为最终目的，满足人的生存、安全、健康等自然需要，满足人的民主权利公平公正要求、价值实现、精神文化等社会需要，关心人、尊重人、爱护人、解放人、发展人，追求对人本身的关照、关怀以及人身心的全面协调发展。

把"以人为本"的理念具体落实到大学生管理工作中就是"以大学生为本"。只有在以大学生为本的理念的指导下，大学生管理工作者才能把目光清醒地投注人类命运的终极关怀，努力改变被工作异化的状态，在活动中充分展示自我主体性，并与他人一起共同营建一种和谐共进全面发展的生存状态。大学生管理工作是以大学生为本的事业，人文关怀是其核心。彰显人文关怀，大学生管理工作就一定要更重人情味，在工作中服务大学生、尊重大学生、关心大学生、培养大学生、激励大学生，围绕着大学生成长和成才，把促进大学生全面发展作为大学生管理工作的根本目的。

（二）树立民主的理念，给大学生充分的自我管理机会

民主是一个历史范畴，但民主所蕴含的价值准则，如自由平等、权利与义务的统一等在大学生管理中具有普遍适用性。大学的总体目标是培养合格的社会主义事业建设者和接班人。大学生管理的一切工作都必须服从于大学的总体目标，把"育

人"作为工作的重要目标。随着社会的发展，一方面，大学生要求平等参与涉及自身利益的事情的管理愿望越来越强烈，我们必须强化大学生管理工作中的民主观念，彰显人文管理精神；另一方面，彻底改变大学生管理工作"行政化""机关化"的倾向，以实现大学生管理向"市场化"的转变，要求大学放低姿态，根据大学生们的思想、心理、特征等建立起良好的氛围和行之有效的育人方法，从各方面为大学生提供服务。

因此在教育管理的过程中，要充分贯彻民主原则，积极发挥主体能动性，切切实实把大学生当作自我素质提高的主人，逐步改变消极被动的教育管理方式，加强"自主化管理"。所谓"自主化管理"是指在大学生管理人员和专业教师的指导下，大学生自我教育、自我管理、自我服务和自我发展的教育管理模式。其核心是关注人的发展，营造一种宽松和谐的民主氛围，充分调动大学生的主动性、积极性和创造性，培养大学生创新精神和实践能力。

二、进一步完善当前大学生管理的体制

（一）建立科学、规范、合法、完善的大学生管理制度

实现大学生管理法治化是社会主义市场经济的要求，依法治校、依法对大学生进行教育和管理是高等教育的任务，也是大学生管理的指导思想，因此，建立科学、规范、合法、完整的大学生工作规章制度是大学生管理工作顺利开展的前提和保障。大学应按照国家有关法律规定，在充分尊重大学生应履行的义务和应享有的权利的基础上，结合本校实际情况制定大学生管理规章制度，并以此规范大学生的行为，依法行使有效的管理，使大学生管理工作做到有法可依，有章可循。

（二）建立科学、高效率的大学生管理工作体制

大学生管理工作在大学教育工作中具有专门和独立的地位，因此在大学生管理工作方面必须实现专门化的领导体制，要将兼职部门分管的所有大学生事务都划归大学生管理工作的管理系统，当前大学中与大学生管理有关的管理职能要进行分化和整合，实现大学生处和相关部门的有机重组，形成功能专一的新机构，建立直属大学生工作副校长领导的多个中心和办公室，开展各项管理工作。

根据大学生管理工作所涉及的内容性质，可以将大学生管理分为教育型职能、管理型职能和服务型职能三大类：教育型职能是大学生管理的根本职能，主要是指

大学生思想政治教育工作，通过各种形式的教育活动，使大学生在政治素质、思想道德素质、文化素质及心理素质等方面达到一定的水平；管理型职能是大学生管理的必要职能，主要指开展各种日常的大学生管理工作；服务型职能是大学生管理的基础职能，主要是指根据大学生个人发展需求开展有针对性和个性化的服务工作。根据工作需要重新整合，建立科学、高效率的大学生管理工作系统，对于应对新形势有着重要意义。

（三）建立多方合作、齐抓共管协调机制

"系统管理"是指系统运行中对系统的指挥、协调、监督、控制与评价，即根据运用与维护的实践，对系统做出实际评价，研究系统的改善。任何管理都是对系统的管理，没有系统，也就没有管理。大学生管理工作是一个大系统，系统化就是从整体上构建大学生管理的系统模型和综合模块，把大学生管理作为一个集学习机制、竞争机制、奖惩机制、决策机制、评估机制和反馈机制等于一体的动态过程。

因此，大学生管理工作的开展不能孤立地进行，不能把它与大学的其他教育、教学工作人为割裂开来，也不能与其他部门、其他系统分离开来。这就要求我们在大学生管理工作机制的设计上，牢固确立系统性的观点，加强部门之间的协作和整合，同时还要加强师生之间、同学之间的讨论、交流、合作，不断增强大学生管理工作的成效。

大学生管理工作是一个多序列、多层次、多因素的不确定动态过程，影响大学生管理工作的随机因素非常多，我们必须树立系统管理的理念，按照科学管理的原则、程序和方法建立一个系统，把大学生管理工作中的人、财、物等诸方面的因素，各个层次，各个环节，科学地组织起来，分工协作、互相配合，形成一个有机的整体，最大限度地发挥每个系统的作用，以保证大学生管理教育工作的协调、高效和最优化。

（四）建立责权利统一的大学生公寓管理模式

当前的大学生管理工作条块结合的机制需要庞大的大学生管理工作干部队伍，特别是随着大学规模的不断扩大，院级基层组织逐渐增多，从而导致校级管理幅度增大，不利于指挥和领导，大学生管理工作专职人员的存在是大学内部人事改革的一大难点，这些人的出路也是困扰大学领导的一大难题；另外，现行校级管理负责全校大学生管理工作，院级大学生管理工作按要求是在校级领导下进行，但是院级专职人员的人事权却在院里，这就形成大学管事不管人，从而影响工作的效能。

当前有的大学正在尝试建立责权利统一的大学生公寓管理模式，这无疑是一个较好的出路，可以很好地解决以上问题。以大学生居住的公寓为基本单位开展大学生管理工作，可以在一定程度上由大学职能部门直接领导控制大学生管理工作队伍，专职人员归统一指挥，工作容易统筹安排，大学生管理工作人员的素质也会受到应有的重视。

（五）健全大学生管理工作评价体系

大学生管理评价制度必须根植于一定的伦理精神和价值信念。大学是以人才培养为己任的，而人才的标准是多样的。大学生接受高等教育的目的不仅仅在于知识的积累，更重要的是个人修养品质的形成和个性特点的发展，提高综合素质，因此要给予大学生足够的自由发展的空间。当前大学生管理工作评价体系侧重于大学生学习成绩指标，但在完全学分制的背景下，大学生选课复杂多变，使现行大学生评价体系失去了可比性，以班级和年级为大学生评价基层单位失去了可操作性，必然导致大学生奖惩措施失去应有的激励作用。

三、拓展大学生管理工作途径

在大学生管理工作中，要充分认识加强大学生管理工作的重要性和紧迫性，选准工作突破口，找准落脚点，高扬时代主旋律，把握形势新变化，努力拓展大学生管理工作新阵地，积极探索大学生管理工作新途径和新方法。

（一）加强理论学习和实践培训，拓展思想教育平台

思想教育是大学生管理工作的基础和先导，只有紧紧抓住"育人"这个中心，坚持贴近现实生活、贴近大学生，突出重点，才能把思想教育工作做深、做细、做实，才能更好地发挥大学生管理的育人功能。

大学生思想教育应包括理想信念教育、爱国主义教育和基本道德规范教育等，这些内容对于武装大学生的头脑，特别是在多元价值背景下增强大学生是非辨别能力具有重要的意义。在思想教育方法上，应坚持知行统一，积极开展道德实践活动，如义工志愿者活动等，把道德实践活动融入大学生学习生活之中。

（二）加强大学网络建设，搭建网络引导平台

随着计算机和互联网络的普及，互联网不仅为人们提供了一个极其便利的交际工具，也成为大学生管理工作的一个新的重要阵地。在大学生管理工作中，要充分

利用因特网生动直观、交流互动、时空无限、联系便捷等特点，及时准确地了解大学生的思想动态，因势利导开展工作，从而实现大学生管理工作的科技化、信息化和网络化，开辟大学生管理工作的新空间。

利用网络开展教育、管理和服务工作，可以克服时空的局限，解决学分制实施给传统的大学生管理工作模式带来的不便和冲击。大学可以在网上开设理论学习、时事政策、心理咨询、生活服务等多种栏目，通过网络及时了解大学生真实的思想动态和他们关心的热点问题，以收集教育对象的相关信息，便于及时沟通、交流和指导。

（三）加强大学心理辅导工作，及时解决心理问题

随着社会的发展，大学生学习、生活、就业压力不断加大，激烈的社会变革给大学生的心理也造成了较大的冲击，大学生的心理健康问题成了社会各方面需要关注的紧迫问题。心理健康是人类健康的基础。重视和加强大学生的心理健康教育，既是时代对人才提出的基本要求，也是建设和谐校园的责任和义务。加强大学生管理工作必须充分发挥心理辅导的作用，不断提高大学生的心理素质，培养健康的个性心理品质、较强的心理调适能力和适应社会能力，从而帮助大学生实现健康和谐发展。

以人为本的大学生管理工作有必要成立和完善心理咨询中心，建立心理咨询教育机制，配置专门的专业人员，组织开展大学生心理健康教育，提高大学生心理素质，开展各种形式的心理教育，帮助大学生进行自我心理调适，解决心理困惑和压力，帮助大学生形成坚强、稳定、健康的心理态度，同时要加强大学生对集体的情感适应、认同与责任心，树立在人际交往和竞争环境中的自信心，培养学科专业兴趣，正确地审视对待自己，客观地评价他人，提高大学生的自我意识水平和自律能力，针对性地帮助大学生处理好学习成才、就业择业、人际交往、健康生活等方面的具体问题，特别是要做好大学贫困家庭大学生资助和引导工作、毕业生就业服务指导工作、大学生管理和服务工作，以缓解来自经济、就业、学习和生活等方面的压力，使其以完善的人格、健康的心态走向社会。

（四）加强大学生社团建设，提高大学生自我管理服务能力

现代管理学研究表明，参与管理作为一种"赏识"手段，能充分满足群体成员的归属需要和成就感，并能增强个体成员对整个群体的责任意识，有助于管理的科学化、民主化和效率化。以人为本的大学生管理工作必定是民主的，大学生的参与管理是民主管理的前提和必要条件，积极推行参与式管理，鼓励大学生参与大学管

理，发挥大学生的积极性和聪明才智，对于人才培养有着重要的意义。

21世纪是一个知识和信息高速发展的时代，只有具有开拓创新和独立自主素质的人才，才能在竞争中脱颖而出，立于不败之地。要培养出具有开拓创新和独立自主素质的人才，就必须重视培养大学生的主体性。

大学生社团为大学生个性的发展，综合素质的提高提供了良好的舞台。它既是校园文化建设的一部分，也是大学生素质拓展的一个重要渠道。社团成员因共同的兴趣爱好和个性需求而走到一起，每一名社团成员都会自发地、积极地参加社团组织的各项活动。在学分制条件下，因为原有的班级集体观念进一步淡化，而大学生社团这样一个成员相对稳定、活动易于开展、成员间关系紧密的集体组织，可以对大学生成才与发展起到特殊的作用，弥补课堂知识的缺憾。在大学生管理工作中，通过开展大学生社团活动，可以有效增强大学生的主体意识和自我控制能力，培养和提高大学生在教育活动中的积极能动性、自主性和创造性，使他们具备自我教育、自我管理和自我完善的能力，从而成为教育活动的主体和自我发展的主体。

（五）加强大学生公寓管理模式，思想教育工作进宿舍

大学职能部门应依托专职大学生工作队伍，跨过院系一级，在大学生社区建立和完善寝室、楼层、公寓、社区、党支部、服务队等多位一体的社区管理模式。每个大学生寝室设寝室长，每层楼设层长，每幢楼设楼长，每个社区设区长，与公寓大学生社区党支部设置相结合，建立党员服务站等，依托党团组织，以党建带团建，充分发挥大学生党员的模范带头和辐射作用，利用主题党日、团日活动的组织形式开展大学生正确的世界观、人生观、价值观教育，直接面向公寓开展思想教育活动。

同时在公寓区逐步建立各类文化、咨询、服务机构，以开展卫生督查和文化建设为基础，以心理咨询和辅导为重点，开展"文明楼栋""文明寝室""学习型寝室"等创建活动，面向大学生提供生活、心理、卫生、学习等各类服务，把思想政治工作与帮助大学生排忧解难结合起来，依托大学生公寓管理模式，开展大学生管理工作。

（六）推进大学生管理工作队伍的建设

大学生管理工作队伍的主体是大学辅导员，辅导员在促进大学生全面成才、培养社会主义事业合格建设者和可靠接班人方面负有十分重要的责任。只有不断加强大学生管理工作队伍的建设，提高辅导员的整体素质，才能使大学生管理工作适应现代形势和需要。

在形势不断发展变化的今天，随着我国高等教事业改革的不断深入，大学生的思想观念日益复杂，传统的大学生管理工作中的管理观念、管理方式和管理体制已很难适应形势发展的需要，使得大学生管理面临新的挑战，必须用新的思路加以改革和创新。

第五章 大学教育管理创新

第一节 大学教育管理创新的必要性

一、市场经济的完善要求大学教育管理创新

随着市场经济的不断完善，一元的大学教育体制逐渐被打破，教育行政部门开始转变职能，向大学下放权力，国家对大学的管理由微观管理转向宏观指导，由单纯行政管理转向市场调节和法治管理。因此，大学教育管理要想摆脱计划经济的思维模式，主动适应社会主义市场经济，就必须创新。

二、知识经济的发展呼唤大学教育管理创新

知识经济的发展取决于大学教育的发展，更赋予了大学教育新的使命。知识经济的发展对传统的大学教育理论提出了挑战，要求它在转变教育观念及思维方式的基础上，实现体制创新、管理创新、技术创新，在遵循大学教育规律的前提下实现大学教育规律与市场作用的有机结合，并与之同步。同时，与知识经济相适应的大学教育，必须是具有自身内在活力机制的大学教育，必须是多种办学模式并存的大学教育，必须是优化资源配置、走内涵发展道路的大学教育。因此，大学教育应当根据经济社会发展的内在要求，选择具体的发展战略和具有特色的教育发展模式，并以此作为大学教育管理改革的根本依据。可见，大学教育管理要适应知识经济的发展，创新是其必然的选择。

三、大学教育大众化需要大学教育管理创新

大学教育大众化必须以保证教育质量为前提，人才质量是学校教育价值最终的和具体的体现。影响人才质量最主要、最直接的因素就是学校的教学质量，而规模与质量是大学教育在发展过程中必须面对且必须处理好的问题，没有质量的教育，其规模再大也毫无意义。因此，随着大学教育从精英化到大众化，大学教育无论是

管理思想、管理观念，还是具体的管理体制和管理运行方式，都必须进行调整，甚至要有一个重新定位、重新规划的过程。这就要求大学教育完善管理制度，加强管理创新，在保证质量的前提下，立足于最大限度地满足公众的大学教育需求，以适应大学教育大众化的要求。

四、大学教育法治化要求大学教育管理创新

全面推进依法治校，是保障大学教育优先发展战略地位，实施科教兴国的重要战略举措。随着大学办学自主权的落实和现代大学制度的建立，政府对大学的管理将更宏观，加强政府的宏观调控，强调大学自主办学，关键就是依法治教、依法管理。这些年，我国大力推进依法行政和依法治教，加快政府职能转变，大学教育依法行政和教育法治建设得到了显著加强。随着大学教育的逐步法治化，大学教育管理必须走创新之路。

五、信息技术快速发展推动大学教育管理创新

随着信息技术的快速发展，计算机信息系统不仅作为信息的储存、加工处理与传输工具，还在建立科学的决策机制、优化资源配置和组织机构、提高人员素质等大学教育管理活动中扮演重要角色。对于大学教育来说，信息技术的快速发展，将使整个教育结构呈现出完全不同的面貌。现代信息技术是加速大学教育发展的"特别快车"，能够推动教育传播和教育管理手段的发展，它在大学教育管理创新方面发挥着重要作用，它的广泛应用要求大学教育管理必须不断创新并与之相适应。

六、大学教育的特殊性要求大学教育管理创新

自著名经济学家舒尔茨等人创立人力资本理论后，教育资源作为人力资本投资，已被列为生产性投资。教育是全局性的、先导性的基础产业的观点已在世界范围取得共识。大学教育生产的是有巨大外部效应的准公共产品，即它不但对受教育的学生有效益，而且对国家和全社会都有效益。这一特征使得大学教育又有公益事业的特性，因而不能以营利为目的。但大学教育又为经济建设和社会发展培养高级人才，不可能完全由国家财政包办。基于此，在社会主义市场经济体制下，把大学教育作为一个特殊产业来开发，在一些院校和领域采取某些市场机制和企业经营机制，如重视产、供、销衔接，重视投入产出，讲求效益，在财政和人事制度上运用适当的竞争机制等，对大学的发展是十分必要的。

第二节 大学教育管理创新的重点内容

大学教育教学管理创新从形式上看是多样的，从内容上看，同样多姿多彩。而事实上，大学教育教学管理创新任何一种表现形式和具体内容，绝不是孤立的，都是基于国家政策的宏观指导、管理者对大学教育发展现状的客观判断以及对未来发展趋势的科学预测的。因而，大学教育教学管理创新是一个开放的体系。管理创新从形式到内容都要在这一体系中通盘考虑，以达到创新的初衷。大学教育教学管理创新体系应由下列内容组成。

一、创新教育观念

大学教育事业的改革与发展离不开代表时代精神的教育观念。大学教育事业发展总是离不开观念的创新。大学教育发展战略规划、办学理念等都是观念创新的范畴。只有观念创新，才能管理创新。我国大学教育要想与新形势相适应，就必须解放思想，与时俱进，创新教育观念，尽快确立与经济社会发展需要相适应的教育观。具体包括全面、协调、可持续发展的科学观，"法治"与"德治"并举的观念和大学教育国际化的观念。

二、革新管理体制

就大学教育而言，众多大学都面临着非常紧迫的制度创新问题。与传统经济体制相适应的大学教育管理制度虽得到改革，但管理制度的改革深度及广度远未达到适应大学教育事业发展的要求。政府和大学是大学教育管理的两个主体，二者之间要建立良性互动关系。从政府的层面来说，一要简政放权，大力推进依法行政，加快政府职能转变，清理并减少政府行政性审批，由对大学的直接行政管理转变为主要运用立法、拨款、规划、信息服务、政策指导和必要的行政手段等对大学进行宏观管理，进一步扩大大学的办学自主权。二要积极发展民办大学教育，使办学体制多元化。充分利用社会资源发展民办教育，形成公办教育与民办教育共同发展的格局。从大学的层面来说，一要充分发挥学术组织或学术群体在决策中的作用，积极探索各种使决策科学化的有效形式。二要建立起行政权力与学术权力有机结合的二元结构及其运行机制。三要进一步推进管理重心下移，使分权和授权成为可能和现实，既减轻高层管理者的工作负担，增加大学教育管理中重大决策成功的可能性，又增强基层管理者的积极性、主动性和创新性。

三、坚持"以学生为本"

随着社会和时代的发展，管理的要素日益增多，但管理的第一要素或核心要素始终没有变，而且越发突显起来，这就是"人"这个要素。在管理理论和实践的发展中，伴随着对人的本性的研究和对人力资源的探究，"以人为本"的理念增加了越来越丰富的内涵：唤醒人的主体意识，重视人的价值，发挥人的潜能，激发人的智慧，提升人的素质，促进人的全面发展。大学教育管理的主体、管理的客体、管理的目的都是人，大学教育所承担的是培养社会主义事业接班人的任务，其在以"人"为"本"的主体取向上出现了二元复合主体——教师与学生。因此，大学教育管理始终要坚持以人为本，做到办学"以教师为本"，教学"以学生为本"，将管理与服务、管理与育人紧密结合。

四、实行人才战略

要应对日益激烈的国际竞争，就必须极大地增强科技和教育的推动作用，极大地加快人力资源特别是人才资源的开发和利用，极大地增强我国在国际上的人才竞争优势。一方面，要通过制定和实施人才的引进、使用、培养、储备规划，加大智力投资，完善激励措施，营造优秀人才健康成长的社会和制度环境，建设一个既满足当下工作需要又满足持续发展需要的人才库，扩大我国人才储备数量，防止和减少我国高级专业人才流失。另一方面，要树立国际化意识，加强与世界各国的交流与合作，瞄准国际市场开发人才，采取各种形式吸收、引进和利用海外优秀人才。与此同时，在管理中要加强人力资源的能力建设，激活人的智能，最大限度地发挥人的能力，在用人原则上强调德才兼备，建立竞争上岗的优胜劣汰机制，真正做到能者上、庸者下。

五、提高质量与效益

提高教育质量和办学效益始终是大学教育改革的根本目的，是加强大学教育管理的首要任务，是大学教育可持续发展的重要目标。首先，要树立新的质量观，形成科学的教育质量新标准。其次，要深化教育教学改革，推动大学教育的培养模式、课程体系、教学内容和教学方法的改革与创新，利用新的方法和技术，提高教育质量。第三，要注重用人效益和经济效益。

六、推进科学管理

大学教育传统的管理手段和方法和当前的经济时代的要求相距甚远，大学教育领域出现的诸多新生事物从客观上要求对大学教育管理手段及方法进行创新，这就要求必须对大学教育进行科学的管理。

大学教育的科学管理是指大学教育的各项管理工作都要符合管理科学和教育科学的特点和规律，使管理工作制度化、秩序化、规范化、民主化和效益化。在大学教育的管理过程中，要全面推进依法治校的战略对策，建立科学合理的教育法规体系，不断加大大学教育立法的工作力度，深入开展大学教育普法工作，切实加强大学教育行政执法与监督；要实现大学教育民主化管理，完善教职工代表大会制度和政务公开制度，加强学生自我管理，加快大学教育管理民主化建设进程，保证大学的师生员工参与学校管理，尤其是参与各项重大问题的决策，真正实现大学教育决策的民主化和科学化，实现民主管理的制度化、全面化和经常化；要创新管理手段及方法，重视各种预测方法、风险决策方法、数学模型以及计算机网络的开发利用，建设大学教育管理的新平台，促进大学教育管理手段的现代化、科学化。

总之，大学教育的创新管理在管理创新中占据重要的位置，创新管理主要是要求在管理实践中实施战略管理与知识管理。即在继承人本管理思想的同时，结合当前经济时代的大学教育发展特点予以创新。大学教育管理创新体系的涵盖面很广，内容繁杂多样，这需要在管理实践中不断总结。

第三节　大学教育管理创新的具体措施

一、以信息技术为依托的大学教育管理创新路径

随着我国大学教育教学改革的不断深入，各大学正处在快速发展的重大转型时期，大学教育管理在外部环境发生巨大变化的过程中要维持正常、良好的运行状态，就要求作为其组织性、协调性力量的教育管理进行相应的变革。

（一）信息化对大学教育管理创新的影响

随着信息技术革命的发展，计算机信息系统不仅作为信息的储存、加工处理与

传输的工具，而且在建立科学的决策机制、优化资源配置和组织结构、提高人员素质等大学管理活动中扮演重要的角色。信息化给大学教育管理创新带来独特的优势以及发挥着不可替代的作用，具体体现在以下几个方面。

1. 优化资源配置

大学管理工作中的教务、人事、科研等各个环节都需要采集、处理数据。在信息化时代，采集、处理一次数据，就能做到全校各部门共享数据资源。校园网可以提供所有互联网服务，同时具有支持信息发布、MTS 系统、图书情报系统、视频会议、网络教学平台等功能。计算机信息网络正在逐步实现无纸化办公，通过使用新信息技术手段，不仅能够节省大量的人力、物力，还可以全面提高工作质量和工作效率。

2. 改善组织结构

现行大学的组织结构一般以金字塔形为主，这种组织结构分工过细，管理幅度过小，容易造成组织层次重叠，降低工作效率。在信息化时代，信息的使用价值大大提高，组织结构呈扁平化趋势，增强组织活力是必要且可行的。采用扁平的组织结构，取消一些中间层，相关部处合署办公，决策层和执行层之间的信息传递会更快捷，从而加大管理幅度和力度；管理部门之间通过信息传递交互，保证了政令畅通。尤其对于当前我国一些合并的大学，其校区分布较分散，更加需要利用信息化的优势来强化管理、提高效益，以达到实质性融合的目的。

3. 促进领导决策的科学化

教育管理信息系统通过网络能够及时、准确地为领导提供大量的基础数据。通过实施办公自动化系统，在网上设立"领导参阅"栏目，可以在第一时间，快速准确地反映学校发生的各种事件及国内外的相关信息，既采用权限设置的方法防止泄密，又可以使校领导能够迅速做出批示，及时处理有关问题。同时，工作人员还可以根据决策的需要进行各种信息的采集工作，通过统计、分析和处理数据，为校领导提供决策依据。

4. 推进校务公开

把招生就业信息、财务收费标准、物资采购招标、人才引进、教学组织、会议通知、重大活动安排、校领导接待日等事项在校园网上公开，这样可以加强信息沟通，明确工作程序，增强办事透明度，达到强化监督的目的。既使行政管理的权力使用置于广大群众的监督之下，又可以实现对内部管理的严格控制，养成严谨务实的工作作风。

5. 提高管理人员的素质

信息化时代使计算机管理和教育管理工作紧密结合在一起，对管理人员产生极大的冲击。随着计算机技术在大学管理中的应用更加广泛和深入，管理人员自身计算机操作水平不断提高，管理观念也会逐渐转变，自身的管理能力也会相应提高。

（二）信息化时代大学教育管理创新的内涵

信息化时代的大学教育管理创新，是以信息技术的软硬件为技术基础，以大学现行管理为依托进行的一项综合的系统工程。大学适应信息化时代的创新是多维的，主要包括管理思想和理念的创新、管理组织形式的创新、管理人才资源创新以及管理办法的创新等多方面的内容。从管理的职能上看，在决策、组织、控制和协调诸方面都有所创新；从管理的过程来看，计划、实施、检查、总结等环节都应创新；从大学每个特定的管理岗位和所涉及的管理事务来看，都有可能在其工作范围内存在创新。

1. 管理观念创新

管理观念的创新是所有创新的前提，观念的创新需要一个由量变到质变的认识过程。教育信息中的理论性信息就是观念创新的催化剂，也可以说高教改革深化正是通过信息的作用首先在人们头脑中起步的。它既是一种创新的管理思想，又是一种倡导管理创新的思想，强调知识和数据的共享，运用集体的智慧提高应变和创新能力。大学利用信息，不是机械照搬或简单模仿，而是将这些信息分类整理、消化吸收，吸取各校的精华，达到观点上的质变，结合学校实际创造自己的特色模式，做到全局在胸，融会百家，独树一帜。

2. 组织形式创新

随着信息技术的发展，大学自身组织结构呈现出扁平化趋势。一些大学实行院系目标管理责任制和经费总额动态包干，充分放权，降低了管理重心，调动了院系办学积极性，取得了较好的效果。正是纵横交错的信息渠道使得扁平化组织结构成为可能，从而极大提高了大学教育对社会、市场的反应速度和应变能力。

3. 管理制度创新

管理的技术化与信息化呼唤新的管理模式和领导风格。信息化时代的管理是一种围绕工作目标进行的信息交流和目标管理，这种交流活动使管理系统和技术系统真正地合二为一，这必将对管理者的素质提出新的要求，同时带动管理人员的结构发生变化。在信息化时代，一些大学管理人员人数偏多并且素质偏低的不足就暴露无遗，主要表现为缺乏活力、人浮于事，整个学校活力不足。只有在管理制度上创新，减员增效，充分调动管理人员的积极性，大学教育发展才能适应信息化时代的要求。

4. 管理方法的创新

管理方法是使管理工作落在实处的重要环节。因此，一定要对现行的管理方法进行充分分析，根据创新的管理观念、组织结构和制度对管理方法进行整合和创新，使之符合信息化时代的要求。如网上招录新生，各大学"足不出户"，便可完成招生任务，一方面便于教育行政主管部门监控，另一方面可以主动接受社会各界监督和方便考生查询，同时也为大学节省了大量的人力、物力和财力。

(三) 信息化时代实现大学教育管理创新的途径

信息化时代实现大学教育管理创新直接体现在推进教育管理信息化的进程中，其信息化的推进过程就是其内涵不断深化和充分表现的过程。

1. 建立配套的信息化管理投入机制

大学教育管理信息化既是持续、完整的发展过程，又是需要分阶段、分步骤加以实施的动态管理过程，其投入也应该是持续的。这就要求大学建立相对稳定的投入机制。首先，大学要有计划地增加信息化管理的资金的增量投入，要根据管理工作的实际需要，装备好高速打印机、扫描仪、数码相机等先进设备，为信息的快速采集、深层次处理加工奠定基础。其次，大学要加大对优秀管理人才的资金投入，创造良好的环境和氛围，以吸引高素质人员从事管理工作。二者结合，才能促进大学自身的持续稳定发展，不断提升信息化管理水平，这也是促进大学管理创新进程的动力源之一。

2. 健全信息主管负责的管理机制

将学校内部体制改革与信息化建设联系起来，有计划、有步骤地推行管理创新，选拔一批有创新意识的人才进入管理队伍。尤其要在各领导层设立具有创新意识的信息主管（Chief Information Office，CIO），在校领导中有明确的主管教育信息化的 CIO，各级部门中有主管计算机和信息的 CIO，同时还要建立一支稳定的信息队伍。目前，校园网络延伸到校园的每个角落、学校的各个单位和学校的各个方面，信息的构成也随之升级，信息管理的及时性、准确性和有效性必须由 CIO 体系来保证。只有健全了 CIO 管理机制，才能有意识地从大学教育管理的角度收集、分析和处理信息，并直接应用到学校的管理决策中，使CIO的作用由技术管理型转向战略决策型。

3．建立灵活的管理协调机制

大学教育管理创新过程中，其管理目标、手段、方法都处于不断变革之中，这就要求其管理系统善于自我协调、自我完善，并随时整合自身内部结构，以保持高效、活跃的状态。管理创新的协调包括以下几个方面：一是多目标协调，要善于抓住重点，相互协调；二是内部机构的协调，既包括校、院（系）两级管理机构之间的垂直协调，也包括领导者与执行者之间、领导机构与执行机构之间的协调。通过这样的协调，使管理系统上下之间、相互之间构成一个完整的系统，从而提高管理的效率。

4．创新信息管理系统的设计思路

以往的信息管理系统的设计思路主要是以实现某些功能为主线，实际是用网络将多个单机简单地串联起来。而在实际管理过程中，只有从上至下全局地考虑问题，使整个流程连贯起来，信息才能够畅通地上传下达。为更好地将大学的理念、角色和办学目标融入支持在线决策的信息系统中，需要结合学校的整体规划和实际情况，规范管理流程，使信息管理系统在管理决策中起到重要作用。

5．完善信息服务手段

在信息化时代，学校各管理部门是信息资源的主要拥有者，也是主要提供者，学校的各种公共信息资源、教学资源、管理资源等不应只是学校或某一部门所拥有，而应向学校师生员工、社会各界提供完备的数据库和检索系统等信息服务。因此，要将学校的各类信息进行采集和加工处理、规划，最后将其数字化，以更好地向外界提供共享资源。

二、以学生为本理念下大学教育管理创新路径

21世纪以来，我国大学教育事业飞速发展，取得了举世瞩目的成就。然而，新形势对大学教育管理提出新的更高要求，使其面临严峻挑战。因此，必须牢固树立笃信真理的理念，营造崇尚真善美的学术氛围，培育会学习的良好风尚，推动以知识人性为核心的大学教育管理模式的构建。

（一）以人为本视域下大学教育管理本质的反思

面对瞬息万变的国内外形势，加快树立以人为本的办学理念，弄清大学教育管

理的本质，具有十分重要的意义。

一是有助于实现大学教育管理求真的目标。大学教育组织的本质，就是大学教育管理的目标。大学教育组织是学术性组织，其特征主要有知识性、艰深性、复杂性、继承性等。这几个特征皆与学术密切相关，因而大学教育组织的特性概括起来就是学术性。学术以求真为目的，求真是学术行为的品德要求，是善的基础，有利于实现真善美的统一。大学教育管理的基础是学术性组织，而学术性组织的目标是求真。基于此逻辑，大学教育管理的目标亦是求真。

二是有助于体现大学教育促进人的全面发展的本质。教育的本质是育人，是为了促进人的全面发展。鉴于此，大学教育管理要以服务于人的塑造为目的，即培养人、教育人和改造人，其与普通管理大为不同。大学教育管理的本质在于充分发挥人的潜能，发掘人的价值，建构与发展完备人性。总之，大学的主旋律是"育人"，而非"制器"，是培养高级人才，而非制造高档器材。大学教育管理的本质，就是要促进人的全面发展。

（二）构建以知识人为核心的大学教育管理模式

1．牢固树立笃信真理的理念

大学教育管理的对象主要是知识人，知识人的活动须以服从真理为标准，因此，大学教育管理要以笃信真理为理念。一是从科学观到道德观的升华。真理是科学活动的追求终点，而科学的求真活动会内化为人的道德素养，这种素质又会成为求知道路上的推动力。二是弘扬务实精神。"尚真"表明了如何对待学习和知识的问题，而"务实"是从观念向行动转变。蔡元培就是尚真务实的典范，他提出了"思想自由、兼容并包"的办学理念。三是生命与真理并存。知识人的使命就是要追求、发现和捍卫真理，即生命与真理同在。要在学习中追求真理，在实践中发现真理，形成创造性思维。

2．营造崇尚真善美的学术氛围

一是对真理的执着精神。坚持排除一切干扰、澄清谬误、不怕曲折，坚持探究真理、发现真知、献身科学，把对真理的崇敬之情内化为人们的内在行为品格。二是待人接物的道德标准。要做到真心诚意、孝悌仁慈、忠诚有义，坚持自律慎独、敬业乐群、齐家爱国、贵生重物，把"善"固化为稳定心理和行为倾向，养成道德自律能力。

3．培育善于学习的良好风尚

会学习是时代发展和知识人发展的必然要求。主要表现为主动探索性和发现式学习、体验和思考式的学习、个体性和灵活化的学习、终身性和非连续性学习等。

一是树立终身和自主学习理念。要转变观念，培育永恒学习的精神，使学习成为终身的行为习惯。保持积极、能动的学习心态，发掘自身学习潜能，增强自主学习能力。二是创新学习方式。"学会"只是基本目标，学习的高级阶段是"会学"。要强化创新性学习思维，不断掌握最新知识，提高创造新知识的能力，培养更多的新时代"知识劳动者"。三是充分利用现代信息和传播技术。要创新学习手段，高效获取信息，甄别信息，独立提出问题，创造性地运用信息，以科学的思维方式解决问题。

三、全球化时代大学教育管理的创新路径

为适应全球化的要求，我国大学教育管理的创新应该遵循四大方略。

（一）确立"以人为本""和而不同"的大学教育管理理念

尊重人的主体地位、促进人的发展是全球化时代各国大学教育的共同追求。大学教育管理要适应这一发展要求，必须实现管理理念的创新。

一是要确立"以人为本"的管理理念。坚持"以人为本"，前提是落实"以生为本"，重点是抓好"以师为先"。"以生为本"就是要把学生看成大学的生存之本和发展之本，真正树立"一切为了学生，为了一切学生，为了学生的一切"的办学观念，就是要在管理中把促进学生的和谐发展作为一切教育活动的出发点和教育改革的立足点。在这一观念的支配下确定有利于学生发展的培养目标，建立适应学生共性与个性和谐发展的课程体系，构建多样化、有特色的人才培养模式，形成有利于学生主动参与的管理制度，建设以生为主、师生平等、教学自由的校园文化等。促进学生和谐发展的主体是教师，"以师为先"就是要认识到教师的劳动与价值，充分发挥教师的智慧和才能，就是要尊重教师的学术自由，突出教师学术权力在大学的主导地位，提高教师参与学校管理的积极性与可能性，就是要关心教师的工作和生活，提高他们的福利待遇，关心他们的前途与发展，为他们提供施展才华的机会与条件。

二是要确立"和而不同"的管理理念。所谓"和"就是以开放平和的态度对待国外的管理理念和方法，辩证分析其优势和缺点，有针对性地借鉴吸收其对我国大学教育管理水平提高有促进作用的部分，实现中西管理的优势互补和交流融通。所谓"不同"，就是在学习他人的同时不能失去自我。要在"立足本土"的基础上

"拥抱世界"，博采众国之长，结合我国国情，开创具有中国特色的大学教育管理之路。例如：效率为本的管理理念强调管理过程的科学化和标准化，对克服传统大学教育管理主观随意性强的缺点具有现实意义；人本主义管理理念强调个体的自主发展，强调个人对组织决策的参与，对消除传统大学教育管理重集体目标、轻个体目标的缺陷具有重要启示；后现代教育思潮下的多元整合管理理念，强调对话、理解、交流、解释等在管理中的作用，对化解传统大学教育管理中集中有余、民主不足的困局也具有指导作用。同样，我国悠久文化中也蕴藏着丰富的管理智慧，值得在新形势下发扬光大。如："以德为先，以德治国"的管理思想强调道德感化，价值引导，在当前功利主义泛滥的管理现状中更彰显其现代价值；"以和为贵，中庸为道"的管理智慧对处于内、外部环境复杂多变的大学实现自我和谐仍然具有深刻的启示意义。

（二）建构"宏观调控""自主灵活"的大学教育管理体制

为适应全球化的激烈竞争，我国大学教育管理体制要进一步理顺中央政府、地方政府、大学和社会四个行为主体之间的关系。

一是要求中央政府和地方政府进一步转变职能。从中央政府看，需进一步加强科学管理，完善宏观调控，也就是调控的方式要从直接调控管理转变为间接调控管理；管理的手段要由行政干预、计划命令转为统筹管理、政策指导、组织协调、信息服务与评估监督；调控的内容主要是发展规划的制定、经费预算与统筹、教育机构的设置、各类证书与学位标准的制定、质量标准的监控等。从地方政府看，需进一步转化角色意识，强化统筹行为，提高统筹效能。随着大学教育管理体制改革的深化，地方政府已获得了较大的地方大学教育统筹权，但不能仅仅是把大学管理主体由中央变成地方，而是要从过去的"执行"角色转换为切实承担"统筹"重任的角色，优化大学教育资源配置，协调地方大学教育与地方社会经济发展的关系。

二是要落实大学法人地位，使之真正成为自主灵活的办学实体。应根据契约理论和委托代理理论，构建政府与大学的契约关系，从法律和制度上增强和明确大学在人事管理、机构设置、学科专业设置等方面的自主权，同时引导各类大学依法制定学校章程，依据章程进行自主管理。此外要通过各种改革不断提高大学适应社会的主动性、灵活性与高效性。如：通过改革考试和招生制度，健全自我选择机制；通过提高教学质量，健全自我发展机制。通过深化内部管理体制改革，健全自我激励与约束机制；要发挥社会中介组织作为政府与大学之间关系缓冲器的作用，鼓励各类教育中介组织参与大学教育的质量评估与监督，健全社会参与治理机制。

（三）完善"刚柔相济""内通外联"的大学教育管理制度

"刚柔相济"即严格的管理制度与宽松的管理氛围相结合。大学教育管理必须有健全的制度体系。大学制度体系建设应着力于三个层面。在核心制度上，通过理顺大学与政府、社会的关系，使自主管理、学术管理的理念落到实处；在一般制度上，通过健全学术民主管理的组织机制，调整现行权力分配结构，强化大学运行中的学术权力；在具体制度上，建立既有分工又有协作且责任明确的大学法人制度、组织人事制度、教育与科研制度、学科建设与学术保障等制度。同时必须明确，加强制度建设不是为了约束人、管制人，而是要通过制度来解放人的思想、引导人的行为、激发人的潜能。因此在各项制度中要充分体现人文精神，制度制定要充分发扬民主，真正反映民意，制度执行要让大家心情舒畅。总之，大学制度体系建设要以和谐的理念与方法关心人、激励人，使管理人格化、弹性化。

"内通外联"即国内相关管理部门在制度设计上要协调沟通，同时能与国际上的相关制度联通对接。一方面要做好"内通"，就是涉及大学教育国际合作事务的教育、商务、外汇、外交、出入境管理等各个部门，在修订、完善各自的相关管理法规和制度时，要加强协调沟通，避免法规和制度的相互冲突。另一方面做好"外联"，就是要在维护国家教育主权的前提下，根据大学教育参与全球竞争的需要，结合国际通行原则，对相关法规、条例进行修订、完善并出台具体配套的实施办法；同时要依据国际大学教育协调组织的相关规定和标准，抓紧大学教育具体管理制度的建设，如修订学位制度以及制定境外大学教育机构来华办学资质认定标准、教学质量评估标准、学分认证与换算标准等，以实现我国大学教育法规和管理制度与国际的有效接轨。

第六章　大学教育教学创新实践分析

第一节　大学教育教学创新的策略

一、更新教学理念

（一）更新教育思想，确立实践教育教学理念

实践，是指将大学教育教学内容中的自然科学知识、人文知识、德育等各种理论知识教育，通过具体的系统实践来消化、固化、融合、升华。在实践中统一科学教育与人文教育，把实践育人贯穿于人才培养的全过程，培养学生的实践能力和创新精神，提升个人人文素质和科学素质，使之完全与社会实际需要相符合。大学在校园文化建设中要建立一种新的激励机制，带动学生积极展开创新创业活动，并给予大力支持，全面推进实践教育。

（二）树立以生为本的教学理念

在教育教学中要体现出对学生主体地位的充分理解和尊重，对学生潜能的充分诱导和挖掘，对学生人格的充分培养和塑造，把学生的个人意愿、社会的人才需求、学校的积极引导有机结合起来，使学生在知识、能力、思想道德、身心健康等各方面得到均衡、全面的发展，从而促进学生成长成才。这一教学理念要充分体现在大学教学的各个方面。在教学模式上，要对原有的缺乏弹性的、学生被动接受的教学模式进行创新，实施弹性教学计划，建立学分制、主辅修制，让学生有一定的选择权和支配权，可以自由支配属于自己的时间和空间，着力于学生创新能力和实践能力的培养；在教学目的上，要"一切为了学生，为了一切学生，为了学生的一切"；在教学方法上，要大力提倡"以学生为主体、教师为主导"的互动式教学方法，鼓励运用问题式、案例式、讨论式、情境式教学法，开展"启发、互动、探究式"的课堂教学实践，采取一系列措施，使教师由传统式知识传授型教学向现代式研究型教学转变，引导学生由被动接受型学习向研究型学习转变。

（三）采取灵活多样的教学组织形式

对目前过于刻板的传统教学方式进行创新，充分发挥学生的个性，对学生进行引导，使学生经过探索研究学会自主学习，使教学方式从传授知识向培养学生认知能力和全面素质转变。转变以教师、课堂、书本为中心的教学局面，进行师生互动，展开专题讨论，鼓励自主探索与合作的学习方式，培养学生的探索精神与批判性思维；重视教学的创新性和学生个体间的差别指导，让学生在与教师的朝夕相处中耳濡目染，接受熏陶；以学生亲自动手实践为主，采取提供实践平台、鼓励学生积极参与科学研究实践课程的方式，增强教学活力，培养学生获取新知识、分析和解决问题、交流与合作的能力。

（四）构建大学教育教学质量保证体系

大学教育教学的质量直接影响着人的全面发展，最终影响经济社会的发展。因此，要依据相应的政策法规建立大学教育教学质量保证体系，规范学科专业建设，避免重复建设和教育资源浪费，构建独立的有权威性的大学教育教学质量评估机构，加强对大学教育教学质量的监督，完善大学教育教学评估政策，充分发挥社会的监督作用，对大学教育教学质量进行监督。

总而言之，追求大学教育教学公平是促进大学教育公平的核心所在，也是促进大学教育教学创新发展的不懈动力。只有坚持科学的发展观，继续深化大学教育教学创新，优化大学教育结构，不断提高大学教育教学质量，才能实现人的全面发展，最终促进大学教育公平的实现。

二、打造办学特色

（一）办学特色的内涵

大学办学特色就是一所大学在长期办学过程中形成的，本校特有的和已经被社会认可了的，在某些学科领域方面优于其他学校的独特创新风貌和具有可持续的发展方式，具有稳定性、认同性、创新性、独特性、标志性。大学办学特色的内容主要包括学科特色、科研特色、人才培养特色、校园文化特色四个方面。

（二）办学特色的形成

1. 教育教学创新，培育办学特色

一所有特色的大学必定拥有自己独特的教育思想和教育教学理念，这种教育思想和教育教学理念能够在特定时空环境，指导大学在办学发展过程中的办学思想和办学理念，并能适应时代和社会对教育和人才培养的要求，符合教育思想和教育教

学理念的创新要求，符合教育创新发展和社会进步的一般规律，能够促进教育发展方向、人的全面发展及人才培养过程的优化。教育教学的创新必将带来教育思想的转变，先进的教育思想必将促进先进办学思想的实践，包括新的办学目标、办学模式的重新定位标准，实现这一标准所采用的方法、途径，以及对此办学实践效果的综合评价。

2. 构建学科特色，促进办学特色

学科特色建设是促进大学办学特色形成的关键所在。学科建设作为大学培育人才、科学研究和服务社会三大职能的具体承担者，它的建设和发展水平程度对大学的人才培养、科学研究、专业建设和师资队伍等方面的质量有着重要影响，对大学的办学特色的形成有着强有力的支撑作用，并决定着学校的服务能力和水平及办学层次。学科特色是大学办学特色中的标志性特色，是构成大学教育核心竞争力的主要组成部分。特色学科是学科特色发展的基础，学科结构体系特色是学科特色的扩展壮大，真正的特色学科具有不可替代性，是难以被模仿和复制的。

三、推进师资队伍建设

逐步取消大学行政级别，精简大学管理机构，压缩行政费用开支，使教师真正在大学中处于主导地位，同时进行师资队伍建设。百年大计，教育为本；教育大计，教师为本。教师作为大学培养人才、传播知识的主体，是大学教育教学中的第一生产力。一所学校的办学理念、办学方针都需要依靠教师在教学过程中呈现出来，大学要依据自身的办学特色，造就一支具有足够知识储备、教学科研能力、创新意识和人格魅力的高素质教师队伍。把重点学科、特色学科带头人的培养作为学科建设的首要内容，加大对重点学科、特色学科带头人的引进力度，加快高层次创新人才培养，突出特色训练，形成明显的学科优势，促进学科发展，进一步提升在职教师的素质，提高大学教育教学质量。

四、创新课程体系及教学内容

（一）课程体系创新

首先要优化和调整学科专业课程结构，因材施教，分层次教学、分类别培养，同时进行主辅修、双学位、定向培养、中外合作办学等多样化的人才培养模式，在满足不同基础学生学习的需求和发展需要的同时也能促进人才培养质量的提升。在课程结构上，打破传统的单一课程结构类型，即分科课程、国家（或地方）课程、必修课程，重新调整课程结构，优化课程体系。综合课程、必修课程和选修课程都要各自占有一定的比例，以"本科规格＋实践技能"为特征，重视学生的个别差异，坚持四个结合（理论与实践、人文教育与专业课程教学、课内与课外、校内与校外相结合），构建一种合理的适合学生发展的课程体系，最终培养学生具备两个方面的素质——文化素质与创新素质，提高四个方面的技能——基本技能、通用技能、专业技能、综合技能。

（二）教学内容创新

遵循"厚基础、宽口径、强能力、重质量"的复合型人才培养原则，重新规划和设计教学内容与课程体系。改变过去只在专业学科范围内设置专业课、专业基础课、基础课的"三级"课程编排方式，构建专业必修、专业选修、学科必修、公共必修、公共选修五大课程体系，对教学内容与课程体系进行重新规划和设计，按照学科专业普遍大类平行设计学科专业类课程、新公共基础课程、文化素质教育课程和实践性教学课程等教学课程内容体系，增加选修课，减少必修课，对公共课进行分级分类教学。

五、创新教学模式

人才的培养是一个复杂的系统工程，必须不断探索其内在的规律，创新旧的不合理的教学模式，认真细致地研究教学，研究其内在的多重因素（教学理念、教学内容、教学方法、教学模式等），从而掌握教学的规律。因此，要秉持"教学民主"的教学理念，对传统的教学模式进行创新，开创研究性教学、开放式教学和互动式教学等一些能够体现"教学民主"的经典的教学模式，充分突出学生的主体性地位，激发学生的主动参与意识，开发学生的学习潜能，营造民主、和谐的学习氛围，指导学生学会学习，在教学中建立一种和谐的师生关系，充分调动学生学习的自发性和积极性，促使学生全面发展。

（一）推广研究性教学，培养学生的创新意识

教学从知识传递向注重能力培养的转变，必然要求教学方式方法的变革，推进研究性教学正是深化教学创新的重要路径，也是研究型大学人才培养的一个基本特征。研究性教学是一种将教师自身的研究思想、方法和最新成果引入教学过程的教学模式。

（二）进行开放式教学，培养学生的积极参与能力以及自主创新能力

开放式教学是为了鼓励学生主动积极地探究知识规律，对传统教学过程中影响

学生发展的不合理因素进行创新，从而培养学生自主创新性学习能力的新型教学模式。开放式教学的主要教学理念在于以学生的发展为本，通过教学目标、教学方法、教学内容以及整个教学过程的开放，从传统的封闭式课堂教学走向开放式教学，充分发挥学生的主体作用，让学生自己掌握学习主动权，自己去探索、发现，从而培养学生的创新能力。在开放式教学中，教师不能仅仅拘泥于教材、教案的内容，要给学生提供充分发展的空间，创设有利于学生自主发展的开放式教学情境，根据学生的发展状况不断调整教学过程的每一个环节，激发学生学习的动力，促进学生在积极主动的探索过程中健康、全面、和谐地发展。开放式教学不只是一种教学方法、教学模式，它还是一种教学理念，它的根本目的是让学生的创新潜能得到充分发展，以开放的教学活动过程为路径，以最优教学效果为最终目标。

（三）开创互动式教学，提高教学质量

互动式教学就是在教学过程中充分发挥师生双方的主动性，师生之间相互交流、相互探讨，促进师生共同发展，最终优化教学效果，共同完成教学目标的一种教学模式。互动式教学可以活跃课堂气氛，而且能够及时反馈学生的学习进度以及掌握知识的规律。互动式教学包括教与学的互动、教学理念的互动、心理的互动以及形象和情绪的互动等。互动式教学是一种富有生命力的创造性教学，有着现代性、互动性和启发性的特点，它不同于传统的以教师为主的灌注式教学，也不同于放任学生自由学习的"放羊"式教学，它要求教师按教学计划组织学生系统地、有目的地学习，并要求教师按学生的发展要求有针对性地因材施教，促进教师努力探索、学习，不断提高自己的专业水准和教学水平，同时激发学生学习的积极性，促进学生个性的发展，提高教学效果和效率，最终提高教学质量。互动式教学以学生为主体，以教师为主导，提倡师生平等的沟通、交流，让学生在没有压力的情况下轻松自由地学习，让学生参与教学计划、教学决策，有利于培养学生自觉学习和主动学习的能力以及创新学习的能力。

六、重视大学生文化素质教育

大学生文化素质教育是大学高质量人才培养的重要组成部分，是我国大学教育教学创新的一个重要方面，要将文化素质教育贯穿于大学教育的全过程，进而实现教育的整体优化，最终达到教书育人的目的。大学生的基本素质包括文化素质（含思想道德素质）、专业素质和身体身心素质，其中文化素质是基础。文化是人们所创造出来的物质和精神的成果，是人的活动的对象化、物化，是人观念存在的形式，是超越个人的实物形态或观念形态。一种文化一旦被创造出来，就不再受时间、空间、个人的限制，就会被广泛地传播和使用。文化素质，就是人们所拥有的所有文化知识在内在的积淀，文化素质对于人们的人生观、价值观的形成具有基础性的决定作用，并最终成为行为的指导规范，同样，人们已有的人生观、价值观也会反作用于文化素质。提高大学生素质教育，主要是指文化素质教育及创新精神、实践能力的培养。文化素质教育重点指人文素质教育，主要是通过加强对大学生的文学、历史、哲学、艺术等人文社会科学和自然科学方面的教育，提高大学生的文化品位、审美情趣、人文素养和科学素质。

第二节　大学教育教学方法创新

大学教育教学方法创新路径是大学教育教学方法创新活动中重要的实践要素。对这个问题的研究，既可以是对过去或现存状态的追寻或总结，也可以是对未来教学方法创新的价值建构。

一、教学方法创新

（一）组合法

无论是在自然界和人类社会，组合创新非常普遍。就教学方法而言，就是两种或两种以上的方法或方法理论的一部分或全部进行适当叠加和组合，形成新的教学方法。组合法是创新原理之一，也符合教学方法创新实践。

（二）分离法

分离法是把某一创新对象进行科学的分解和离散，使主要问题从复杂现象中暴露出来，从而理清创造者的思路，便于抓住主要矛盾。分离原理在创新过程中，提倡将事物打破并分解，它鼓励人们在发明创造过程中，冲破事物原有面貌的限制，将研究对象予以分离，创造出全新的概念和全新的产品。教学方法创新的分离法，就是把过去或原有的司空见惯的方法加以分解，按照一定逻辑关系进行整理，然后突出某一部分甚至将其扩充放大，成为一种等同甚至超越原来方法作用的新方法。

（三）还原法

还原实际就是避开现行的世俗规则，即将所谓"合理"的事物设定为"非"，而将事物的原状设定为"是"，就是要善于透过现象看本质，在创新过程中能回到对象的起点，抓住问题的原点，将最主要的功能抽取出来并集中精力研究其实现的手段和方法，以取得创新的最佳成果。教学方法创新与其他任何创新一样，都有其创新原点，寻根溯源找到创新原点，再从创新原点出发去寻找各种解决问题的途径，用新的思想、新的技术、新的手段重新构造方法，从本源上解决问题，这就是还原创新方法的精髓所在。

（四）移植法

创新理论认为，移植法是把一个研究对象的概念、原理和方法运用于另一个研究对象并取得创新成果的创新方法。"他山之石，可以攻玉"，移植法的实质是借用已有的创新成果进行创新目标的再创造。教学方法创新活动中的移植法，既可以采取同一学科领域的"纵向移植"，也可以采取不同学科领域、不同地域的"横向移植"，还可以采取多学科领域、多地域教学方法的理念、思维和方法等综合引入的"综合移植"。移植能够取得新的成果，在教学方法方面，移植也符合"感受共存"中的新奇性标准，没尝试过的就是新奇的。

（五）逆反法

逆向思维是一种重要的创新方法，逆反法要求人们敢于并善于打破头脑中常规思维模式的束缚，对已有的理论方法、科学技术、产品实物持怀疑态度，从相反的思维方向去分析、去思索，去探求新的发明创造。实际上，任何事物都有着正反两个方面，这两个方面同时相互依存于一个共同体中。人们在认识事物的过程中，习惯于从显而易见的正面去考虑问题，因而阻塞了自己的思路。如果能有意识、有目的地与传统思维方法"背道而驰"，往往能得到极好的创新成果。教学方法中有一种备受推崇的"深入浅出"方法，其实，从逆反法的角度分析，大学教育教学中的很多课程内容可能并不适合"深入浅出"，而更需要"浅入深出"才能达到引人入胜的效果。

（六）强化法

强化是一般创新方法之一，它是基于科学分析研判基础上的一种"包装术"，即合理策划。强化法主要对原本一般的方法通过各种强化手段进行精练、压缩或聚焦、放大，以获得强烈的创新效果，给人以感觉冲击。

二、教学方法创新评价原则

推进和深化大学教育教学模式创新实践的一个重要命题是如何开展教学方法评价。教学方法评价是否得当，是教学方法创新实践成功与否的先决条件。因此，建立适合大学教育教学内容、教育对象、教学发展特点的教学方法评价机制，有利于推进教学方法创新实践活动。

教学方法创新评价的起点是教学方法常态评价，通过对教学方法的常态评价促进教师的教学方法创新，通过教学方法创新评价进一步引导教师进行教学方法创新实践。教学方法常态评价就是对任何教学活动中教师所使用的教学方法状况及其影响给予分析判断，提出建议。这实际属于常规教学评价内容，但经常被忽视或虚化，其中一个重要原因就是评价标准的缺失或评价过程的瞬间性难以把握，只能寄托于"事后印象"，所以，教学方法常态评价实际上处于一种"无政府"状态，无论是教师还是学生，甚至是专门教学指导与评价组织者，均各执一端，莫衷一是。

大学教育教学方法创新评价是在教学方法常态评价基础上，用来引导和规范教学方法创新活动的手段之一，评价结果反映教学活动中教师所采用的教学方法的科学性、合理性及有效性。进行创新评价或者评价某个教学活动中的教学方法是否具有创新性，需要遵循以下原则。

（一）批判性原则

与常态评价不同，考量一位教师的教学方法是否具有创新性，首要的判据不是稳妥、正确，而是方法中的批判性成分，包括该方法对教学内容的常理的、现行结果等是否具有反思维或质疑，对学生的问题意识、探究情怀是否有暗示作用。现行教学方法中的知识讲授、灌输等方法之所以一直被诟病，关键在于它忽略了这些知识产生时的无限批判进程，使知识显得苍白，不能培养学生的问题意识和探究兴趣。在评判原则之下，可以有非常多的具体方法，只要它们具备批判属性，都属于教学方法创新范畴。

（二）丰富性原则

有效的教学方法很少是单一性的，通常是多方法的组合运用。评判一次教学活动或者一位教师一贯的教学方法是否具有创新性，应该考察其方法使用的丰富程度。人类在漫长的教育教学历程中，创造了无数的教学方法，这些教学方法没有好坏、正误之分，关键是这种方法是否适合教学对象、教学内容与教学情境。教学是一种非线性规律活动，每一种教学方法都有其产生的特殊原因，某一种方法只能在其起源相似条件下才能发挥作用，更多情况下是各种方法的融合与杂交。具有创新性的教学方法必须具有丰富性特点，单一的方法在现今条件下即使具有创新性，也一定非常微观，解决不了常规教学层面的问题。总结教学名师们的教学方法，在其"品牌性"之外，都有非常丰富的教学方法贯穿教学活动之中，其中还有一些是教学方案设计之外的"非设计"方法，这些方法被教学名师临场发挥，服务于特殊需要的教学过程。

(三) 关联性原则

大学教育教学方法的实现途径随着技术进步发生着快速而深刻的变化，多途径实现教学目的成为现代大学教育教学方法创新的革命性特征，与传统的讲授法、灌输法相比，现代技术带来的教学方法创新突出了技术性优势，从"粉笔加黑板"进化到多媒体、网络课堂，有效地提高了教学效率，为交互式教学提供了时空与技术保障，师生教学灵感也能及时得到捕捉和储存。但这只是教学方法创新关联性的一个方面，即方法与手段的关联。级联递增式的关联性一定程度否定教学方法的技术元素，完全依赖现代教学技术推进教学方法创新也不妥当。关联性创新原则要求教学方法不能在技术面前无所作为，也不能搞"唯技术论"，必须回归教学活动中"教"与"学"的本位开展创新。人是社会生活中最活跃的因素，离开先进技术设备条件依然可以开展教学方法创新活动。

对教学方法及其创新性的评价，主体必须是多元的，任何单方面的结论都不足信，尤其是从教学管理角度开展的教学方法创新及其创新性评价更是有违教学方法的本质要求。大学教育教学方法创新属于学术文化范畴，对于教学方法的评价不属于大学教育的行政管理而属于学术管理。学术性评价的主体应该是多重多元的，只有这样才能靠近教学方法以及教学方法创新性的本质。

第七章　高职教育教学信息化创新策略

第一节　信息化教学概述

一、信息化教学的定义

信息化教学是与传统教学相对而言的现代教学的一种表现形态，它以信息技术的支持为显著特征，因而人们习惯于将之称为信息化教学。特别需要指出的是，以信息技术为支持只是信息化教学的一个表面特征，在更深层面上，它还涉及现代教学理念的指导和现代教学方法的应用。信息化教学是教学信息化的结果。从技术学层面来看，伴随着社会的进步与发展，信息化教学是教育技术学发展至今的必然结果。

二、信息化教学与传统教学的差异

信息化教学与传统教学没有本质的区别，它也是教师的教和学生的学的双向共同活动。但是信息技术的出现和多媒体在教学中的应用，使得信息化教学在教学手段、教学资源、教学环境以及教学模式等方面有了新的特点，并与传统教学相比有了很大的差异性。

（一）教学手段的差异性

从广义来讲，教学手段就是为了实现预期教学目的，教师和学生用来进行教学活动，作用于对象的信息的、精神的、物质的形态和力量的总和。在这里教学手段主要表现为某种具体的教学媒体。传统的教学媒体主要有黑板、教科书、标本、模型、图表等，因此，传统的教学手段是指教师针对教学内容，运用简单的媒体，单向传播教学信息的方式。信息化教学手段主要是随着多媒体技术在教学中的应用，教师将原来以教材形式存在的各种文字、图像、数据、表格转化为数字化的教学资源，利用多媒体呈现的方式进行教学，同时，多媒体资源也能够通过网络快速方便地进行传递、共享，提高教学效率。

传统教学的形式单一，主要是以课堂教学为主，教师传授知识、学生接受知识是主要的教学活动。信息化教学的形式多样化，在各种类型的教学环境中开展多样化的教学，如自主学习、协作学习、探究学习等。传统教学主要借助单一化的媒体开展教学活动，教学媒体承载教学信息的能力比较低，传递教学信息的功能比较简单、机械。信息化教学手段具有丰富的教学功能，通过大屏幕投影清晰地进行演示，通过网络开展小组讨论、师生答疑、作业提交、网上学习和测试等，加强了师生之间的交流，培养了学生的自主学习能力。信息化教学能够提高学习效果，信息化手段集声音、图像、文字等多种信息于一体，极大程度地满足了学生视、听等感官需求，激发了学生的学习兴趣。

传统教学大多数采用灌输式的讲授方式，教学信息是从教师到学生的单向传递，没有考虑到每个学生的特点，不能做到"因材施教"，从而使教学比较枯燥乏味，不利于学生认知能力的发展。信息化教学采用的讲授方式是交互式指导，教师与学生之间互动交流，教学信息可以双向或多向传递，既可以从教师到学生，也可以从学生到教师，从而实现师生地位平等，有利于教学活动的有效实施。同时，信息化教学具有直观性，它可使形、声、色浑然一体，把一些传统教学手段无法表现的复杂的过程、一些不易观察和捕捉的现象、一些无法现场呈现的场景，真实、鲜活地呈现在课堂上，创设生动、形象、具有强烈感染力的情境，调动学生学习的积极性，使学生更好地掌握知识，从而提高教学效果。它具有传统教学手段所没有的趣味性、直观性，可以充分调动师生的积极性、主动性和创造性，突破教学的重难点，从而更加容易达到教学目的，使学生在愉快、轻松的环境中获得知识。

尽管传统教学手段和信息化教学手段有一定的差别，但是它们都有各自的优点，在教学过程中，它们是相互补充、取长补短的关系。只有将传统教学手段与信息化教学手段结合起来，实现优势互补，才能最大限度地提高教学质量。

(二) 教学资源的差异性

教学资源是支持整个教学过程达到一定教学目的、实现一定教学功能的各种资源总和，是教学系统中的一切物化资源和非物化资源，主要包括教学材料、支持系统、教学环境等。

教学材料蕴含了大量的教育信息，是能创造出一定教育价值的各类信息资源。传统教学材料包括书本、教科书、挂图、教学器具、课件、教学电视等。信息化教学材料指的是以数字形态存在的教学材料，包括学生和教师在学习与教学过程中所需要的各种数字化的素材、教学软件、补充材料等，具体形式有：文本、图形/图像、音频、视频等素材类教学资源，虚拟实验室、教育游戏类、电子期刊类、教学模拟类、教育专题网站等集成型教学资源以及网络课程。

支持系统主要指支持教师有效开展教学活动以及学习者有效学习的内外部条件，包括学习能量的支持、设备的支持、信息的支持、人员的支持等。传统的支持系统主要指教师和同伴对学习者学习的指导与帮助，以及工具书对学习者学习的帮助等。信息化教学资源的支持系统主要指现代媒体和学习工具对教与学过程的参与，以及海量的网络信息对学习内容的补充等。

教学环境不仅包括教学过程发生的地点，还包括学习者与教学材料、支持系统之间在进行交流的过程中所形成的氛围。传统的教学环境以教室为主，以课堂教学作为主要的教学形式。信息化教学环境以信息技术的应用为特征，包括校园网、多媒体教室、电子网络教室、电子阅览室、语音实验室、网络教学平台等，教师可以利用多样化的教学环境开展课堂教学，组织学生协作学习、探究学习，指导学生自主学习。

（三）教学模式的差异性

教学模式是依据教学思想和教学规律而形成的在教学过程中比较稳固的教学程序及其方法的策略体系。它包括教学过程中诸要素的组合方式、教学程序及其相应的策略等。

在传统教学模式中教师是知识的主动施教者，学生是被动接受的对象，媒体是辅助教师向学生传授知识的工具，作为认知主体的学生在整个教学过程中处于被动的地位，不利于学生的主动精神和创新能力的培养和发挥。这种模式的优点是有利于教师主导作用的发挥，有利于教师对课堂教学的组织、管理与控制；但它存在一个很大的缺陷，就是忽略学生的主动性、创造性，不能很好地体现学生的认知主体作用。不难想象，作为认知主体的学生如果在整个教学过程中处于比较被动的地位，肯定难以达到比较理想的教学效果，更难以培养出创造型人才。

随着现代信息技术在教育领域的应用，特别是网络教学的广泛应用，师生都处于一个信息来源极为丰富和多样的环境中，二者获得信息的机会几乎是均等的。教师不再以信息的传播者或良好知识体系的呈现者出现，而应由原来处于中心地位的知识权威转变为学生学习的指导者和合作伙伴。学生的学习不应该是被动接受信息刺激的过程，而是主动构建知识的过程。这需要学习者根据自己的知识背景，对外部进行主动选择、加工和处理，从而获得知识的意义。因此，信息化教学模式是根据现代教学环境中信息的传递方式和学生对知识信息加工的心理过程，充分利用现代教育技术手段（主要指多媒体计算机、教学网络、校园网和因特网），调动尽可能多的教学媒体、信息资源，构建一个良好的学习环境，在教师的组织和指导下，充分发挥学生的主动性、积极性、创造性，使学生能够真正成为知识信息的主动建构者，从而达到良好的教学效果。在这种模式下，教师成为课堂教学的组织者、指导者，以及学生知识建构的帮助者、促进者，而不是知识的灌输者和课堂的主宰者。

总之，知识不能通过教师简单地传递给学生，需要学生自己与学习环境进行交互从而完成知识建构，这种建构无法由他人替代。教学不是知识的传递而是知识的处理和转换，教学由向学生传递知识转变为发展学生的能力，培养学生的主体意识、主体性、个性、创造性和实践能力。在教学过程中应关注动机的激发和维持，以及提供学生自主学习的工具性支持。

三、信息化教学模式的理论基础

（一）人的全面发展理论

教育目的既是教育活动的宗旨，也是教育活动开展的依据。在不同的社会历史时期，由于受到历史条件、教育价值观的制约，把受教育者培养成何种质量规格的人才的要求各不相同。

1. 马克思主义的"人的全面发展"理论

人的全面发展，最根本是指人的劳动能力的全面发展，即人的智力和体力的充分、统一的发展。同时，也包括人的才能、志趣和道德品质的多方面发展。

马克思主义关于"人的全面发展"理论，概括起来主要包括以下几个方面的内容。

（1）人的需要的全面发展

需要是人的本性，需要是人类一切活动的源泉和动力，没有需要，就没有生产。人正是为了满足自己的生存、享受和发展需要，才进行物质生产和社会活动。人的需要的不断丰富和全面，标志着人的本质力量新的呈现和人存在的充实。满足正当需要是人不可剥夺的权利，一切压抑人的正当需要的行为，都是违背人性的，都从根本上否认了人本身。所谓人的需求的全面发展，就是除了物质需求以外，社会关系的需求、精神生活的需求，以及自我实现和发展的需求、自由的需求等都得发展和满足。

（2）人的主体性的全面发展

人的主体性是指凭借自己的综合素质与实践活动而处于支配地位，成为人的主人所具有的特殊属性。马克思认为，人是社会历史的主体，人的主体性是人在创造自己历史的活动中所表现出来的能动性、创造性、自主性。

（3）人的能力或才能的全面发展

人的能力发展是人的全面发展的重要内容。人的能力是多方面的，包括人的自然能力和社会能力、潜力和现实能力、体力和智力等。只有人的这些能力或才能都得到充分发展，才是真正的全面发展。

（4）人的个性的自由发展

人的自由个性是人的本质力量发展的集中体现，是个人的生理素质、心理素质和社会素质在不同社会领域的集中表现，是人的自主性、能动性、独特性、创造性的充分展示。

（5）人的社会关系的全面发展

人的社会关系是指人与自然、社会以及他人的关系。社会关系是人的现实本质，或是人的本质的现实性表现。人的本质并不是单个人所固有的抽象物，在其现实性上，它是一切社会关系的总和。所以，在其本质意义上，人的全面发展实际上就是人的一切社会关系的全面发展，因为社会关系实际上决定着一个人能够发展到什么程度，一个人的发展取决于与他直接或间接进行交往的其他一切人的发展。因此，人必须积极参与社会生活多个领域的交往，在交往中形成丰富而全面的社会关系。可见，人的全面发展的核心内容就是人的本质的全面发展。人的本质的全面发展，也就是人的社会属性即人的社会关系的全面发展。人的本质的丰富性、全面性取决于社会关系的丰富性、全面性。

没有个人与社会之间的普遍联系，个人的才能就不能得到发展，人的社会性质也不能得以充分体现。只有人的社会关系得到高度的丰富和发展，人的全面发展才有可能。

2. 人的全面发展是现代教育的共同追求

教育的目的和本质，就是促进人的自然天性，即自由、理性和善良的全面发展。教育应以善良意志、理性、自由及人的一切潜在能力的和谐发展为宗旨。

3. 人的全面发展是21世纪社会发展的要求

21世纪，全球正在全方位迈向知识经济时代，这是一个不可抗拒的历史性转变。知识经济本质上是人才经济、头脑经济、智慧经济。

知识经济中，以知识、信息为基础的产业将占比越来越大，"生产"过程日益"非物质化""智力化"，人与物质和技术的关系将降至次要地位。要求人才从学会掌握某种职业的实用技能，转向注重培养适应劳动世界变化的综合能力（包括劳动技能以外的合作精神、创新精神、交流精神等）；要求人才不仅具备智力技能，还需要具备社会技能，包括人际关系处理技能等。

(二) 建构主义学习理论

1. 建构主义学习理论的基本内容

（1）皮亚杰的认知发展理论

建构主义的最早提出者是瑞士认知心理学家皮亚杰，他的建构主义是基于他有关个体的认知发展的观点，他发展了发生认识论。从个体认知发展理论和个体发展阶段理论出发，个体所获得的成功主要不是由教师传授，而是出自个体本身，是个体主动发现、自发学习的结果。个体是在与周围环境相互作用的过程中，逐步建构起关于外部世界的知识，从而使自身认知结构（即图式）得到发展。认识既不能看作是在主体内部结构中预先决定了的——它们起因于有效的和不断的建构，也不能看作是在客体的预先存在着的特性中预先决定了的，因为客体只是通过这些内部结构的中介作用才被认识的。知识既不是客观的东西，也不是主观的东西，而是个体在与环境交互作用的过程中逐渐建构的结果。

个体认知结构的发展涉及三个基本过程：同化、顺应和平衡。

①同化。同化是指把外部环境中的有关信息吸收进来并结合到个体已有的认知结构中，即个体把外界刺激整合到自己的认知结构内的过程。随着个体认知的发展，同化依次经历了下列三种形式：再现性同化、再认性同化和概括性同化。再现性同化，即基于个体对出现的某一刺激做出相同的重复反应；再认性同化，即基于个体辨别物体之间差借以做出不同反应的能力；概括性同化，即基于个体知觉物体之间的相似性并把它们归于不同类别的能力。

②顺应。顺应是指外部环境发生变化，而已有的认知结构无法同化新信息时所引起的个体认知结构发生改变的过程，即个体的认知结构因外部刺激的影响而发生改变的过程。顺应与同化是伴随而行的，没有纯粹的同化，也没有单纯的顺应。同化是认知结构数量的扩充（图式扩充），而顺应则是认知结构性质的变化（图式改变）。因此，认知个体的发展是同化与顺应之间的对立统一过程的产物。

③平衡。平衡是指个体通过自我调节机制使认知发展从一个平衡状态向另一个较高平衡状态过渡的过程。认知个体（个体）就是通过同化与顺应这两种形式来达到与周围环境的平衡：当个体能用现有图式去同化新刺激时，他是处于一种平衡的认知状态；而当现有图式不能同化新刺激时，平衡即被破坏，而修改或创造新图式（即顺应）的过程就是寻找新的平衡的过程。个体的认知结构就是通过同化与顺应过程逐步建构起来，并在"平衡—不平衡—新的平衡"的无限循环中得到丰富和发展。

（2）建构主义学习理论的基本观点

建构主义学习理论是认知主义学习理论的进一步发展，该理论发展了早期认知学习论中已有的关于"建构心理结构"的思想，强调学生在学习过程中主动建构知识的意义，并力图在更接近、更符合实际情况的情境性学习活动中，以个人原有的经验、心理结构和信念为基础来建构和理解新知识。

近年来，建构主义流派纷呈，呈现出百家争鸣的昌盛局面。各种建构主义观点的立足点尽管存在分歧，但它们对学习的观点都有以下几点共识。

①学习是学习者主动建构内部心理表征的过程。建构主义认为，根本不存在一成不变的"客观"事实。学习不是由教师向学生传递知识，而是学生根据外在信息，通过自己的背景知识和经验，自我建构知识的过程。在这个过程中，学习者不是被动的信息吸收者和刺激接受者，他既要对外部信息进行选择和加工，又要根据新知识与自己原有经验背景知识的关联，主动地建构信息的意义。

②学习过程是一个双向建构的过程。建构主义认为，建构一方面是对新信息的意义建构，运用原有的经验超越所提供的信息，另一方面又包含对原有经验的改造和重组。在学习过程中，每个学习者都在以自己原有的经验系统为基础对新的信息进行编码，建构自己的理解，同时，原有知识又因为新经验的进入而发生调整和改变。因此，学习并不单单是信息的量的积累，它同时包含由于新旧经验的冲突而引发的观念转变和结构重组；学习过程也不单单是信息的输入、存储和提取，而是新旧经验之间双向的相互作用过程。

③学习具有社会性。建构主义认为，知识或意义是以学习者原有的经验背景知识为基础建构起来的，由于每个人所处的社群、积累的经验和具有的文化背景不同，因此，他们对事物的理解也是存在个体差异的。因此，知识或意义不仅是个人主动建构的结果，还需要依靠意义的社会共享和协商进行深层的建构。人的自然属性和社会属性决定了他们不可能孤立地在社会实际生活中完成学习，必然要彼此之

间进行交流和协作。通过对话、协商、沟通，学习者能够看到那些与自己不同的观点，在多种不同观点的"碰撞"和"融合"中，自我反思，完善对知识的意义建构。

④学习具有情境性。建构主义认为学习发生于真实的学习任务中。真实的学习任务不但有利于激发学习者的学习主动性，而且这种客观活动还是个体建构知识的源泉。一方面表现在学习者理解、建构知识受到特定学习情境的影响，个人的认知结构是在与社会交互作用，以及与其自身的经验背景相互作用的过程中，逐步形成与完善起来的。另一方面表现在知识在各种情况下的应用不是简单套用，而是需要针对具体情境的特殊性对知识进行再创造。

（3）建构主义学习理论的学习观

建构主义学习理论认为，知识不是通过教师传授得到的，而是学习者在一定的情境（社会文化背景）下，借助学习过程中其他人（包括教师和学习伙伴）的帮助，利用必要的学习资料，通过意义建构的方式获得的。"情境""协作""会话""意义建构"是学习环境中的四大要素或四大属性。

第一，"情境"：学习环境中的情境必须有利于学生对所学内容的意义建构。

第二，"协作"：协作发生在学习过程的始终。协作对学习资料的搜集与分析、假设的提出与验证、学习成果的评价直至意义的最终建构均有重要作用。

第三，"会话"：会话是协作过程中不可缺少的环节。学习小组成员之间必须通过会话商讨如何完成规定的学习任务的计划。此外，协作学习过程也是会话过程，在此过程中，每个学习者的思维成果（智慧）为整个学习群体所共享，因此会话是实现意义建构的重要手段之一。

第四，"意义建构"：这是整个学习过程的最终目标。所要建构的意义包括事物的性质、规律以及事物之间的内在联系。在学习过程中帮助学生建构意义就是要帮助学生对当前学习内容所反映的事物的性质、规律以及该事物与其他事物之间的内在联系有较深刻的理解。

（4）建构主义学习理论的知识观

第一，知识不是对现实的纯粹客观的反映，任何一种传载知识的符号系统也不是绝对真实的表征。知识是人们对客观世界的一种解释、假设或假说，它不是问题的最终答案，但它必将随着人们认识程度的深入而不断地变革、升华和改写，出现新的解释和假设。

第二，知识并不能绝对准确无误地概括世界的法则，提供对任何活动或问题解决都适用的方法。在具体的问题解决中，知识是不可能一用就准、一用就灵的，而是需要针对具体问题的情境对原有知识进行再加工和再创造。

第三，知识不可能以实体的形式存在于个体之外，尽管人们通过语言赋予了知识一定的外在形式，并且获得了较为普遍的认同，但这并不意味着学习者对这种知识有同样的理解。真正的理解只能是由学习者自身基于自己的经验背景而建构起来的，取决于特定情况下的学习活动过程。否则，就不叫理解，而是叫死记硬背，是被动的复制式的学习。

（5）建构主义学习理论的学生观

第一，建构主义强调，学习者并不是空着脑袋进入学习情境中的。在日常生活和以往各种形式的学习中，学习者已经形成了有关的知识经验，他们对任何事情都有自己的看法。即使是有些问题他们从来没有接触过，没有现成的经验可以借鉴，但是当问题呈现在他们面前时，他们还是会基于以往的经验，依靠自己的认知能力，形成对问题的解释，提出自己的假设。

第二，教学不能无视学习者已有的知识经验，简单强硬地从外部对学习者实施知识的"填灌"，而是应当把学习者原有的知识经验作为新知识的生长点，引导学习者从原有的知识经验中"生长"出新的知识经验。教学不是知识的传递，而是知识的处理和转换。教师应该重视学生对各种现象的理解，倾听他们时下的看法，思考他们这些想法的由来，并以此为据，引导学生丰富或调整自己的解释。

第三，教师与学生、学生与学生之间需要共同针对某些问题进行探索，并在探索的过程中相互交流和质疑，了解彼此的想法。由于经验背景不可避免的差异性，学习者对问题的看法和理解经常是千差万别的。其实，在学生的共同体中，这些差异本身就是一种宝贵的现象和资源。建构主义虽然非常重视个体的自我发展，但是也不否认外部引导，亦即教师的影响作用。

2. 建构主义学习理论对信息化教学模式的指导意义

在教学设计中，建构主义学习理论的指导主要体现在以下几个方面。

（1）情境创设

建构主义学习理论强调为学习者的学习提供真实的情境。一方面能够激发学习者的学习动机，使学习者产生学习需求，驱动学习者主动学习、积极探究；另一方面能够增强知识运用的情境性，有助于学习者完成知识的意义建构，实现知识的有效迁移。在教学设计程序的开发中，教师可以利用多媒体图、文、声、像并茂的优势，根据学习内容，将各种媒体资源有机整合，创设多媒体的直观情境，激发学生的学习兴趣。教师可以利用学生的好奇心和问题的导向功能，巧妙地设置引人注意和思考的问题，调动学生探究发现的积极性，引导他们主动寻求解决问题的方法。教师可以利用虚拟现实仿真技术，创设接近真实的在线实验情境，让学生在虚拟的实验情境中，完成实验操作和数据分析，培养学生科学研究的态度和能力。

（2）学生作为认知主体的体现

建构主义学习理论认为学生不是知识的被动接受者，不是被灌输的对象，而是信息加工的主体，在学习过程中发挥认知主体的作用。在教学设计程序的开发中，不能仅仅注重知识内容的呈现，更重要的是强调学生在进行学习的过程中认知主体的体现。教学程序中既要为学生开辟自主学习的空间，又要为学生之间的协作交流创造条件。

①自主学习的设计。在教学程序中，教师要根据学习内容的特点，设计多种自主学习策略，提供各种符合学科特点的认知工具，引导学生自主完成知识的意义建构；设计层次分明、难度适宜的测试题，供学生在学习的过程中进行自我评价，并根据学生的作答情况及时给出适应性的反馈和建议。

②协作学习的设计。协作学习不但能够提高学生创新思维和发散思维能力，而且有利于培养学生人际交往的能力和团队精神。适当的协作学习任务（问题）和便利的通信工具是实现在线协作的前提。在教学程序的开发中，教师要根据学习内容，设置学生感兴趣的问题，激发学生的协作动机，促使学生积极参与讨论；提供各种协作工具（电子公告板、聊天室、电子邮件和协作学习平台等），便于学生以问题讨论的形式进行在线交流和协商。

（3）教师作为主导作用的体现

建构主义学习理论强调在教学过程中教师主导作用的发挥。教师不再是知识的传授者和灌输者，而是学生进行意义建构的帮助者和促进者。在教学程序的开发中，我们可以从以下三种途径实现教师的主导作用。

①设计教学策略，帮助学生实现知识的意义建构。一门课程要引起学生的兴趣，促使学生积极地投入，除了课程内容本身丰富精彩，更重要的是教师灵活而巧妙地设置各种不同的激励策略和教学策略，从多种角度激发学生的学习动机，为学生提供个性化的学习指导，从而更好地发挥学生的主人翁精神，使其自主完成知识的意义建构。在教学程序中，教师可以在每个章节内容的学习前，针对本章节的具体学习内容，设计情感激励、问题诱导、任务驱动等动机激发策略，提供可行的学

习建议和指导，帮助学习者进行学习导读；教师还可以针对每个章节内容的重难点，设计"支架式策略""抛锚式策略""随机进入式策略"等自主学习策略，提供大量多媒体资源，引导学习者更好地理解掌握学习内容。

②引导和监控学习过程。为了保证学习的顺利进行，教师的适时引导是必不可少的。在教学中，学生的自主学习和协作学习都离不开教师的引导。

教师可以借助人工智能技术、设计专家系统或者伙伴助手，实现对学生的在线个性化学习指导。还可以开辟教师的答疑空间，学生在完成单元内容或课程内容的学习以后，如果有困惑，或者是难以解决的问题，可以通过电子邮件的形式发送请求，实现异步交流，也可以通过论坛的形式在线咨询，实现同步交互。

③设计学习评价。在教学中，教师根据课程教学目标的要求，设计大量不同类型和层次的测试题，学生可以在线进行自我测试，并依据反馈信息检验自己的学习是否达到学习目标的要求；教师还可以设置综合性强且与课程内容相关的实际问题或任务，让学生进行设计问题解决方案、创作作品、设计实验操作等实践活动，以此检验学生综合运用知识的能力。

四、信息化教学环境

(一) 环境与信息化教学环境

环境一词的通常含义是直接或间接影响个体的形成和发展的全部外在因素。环境包括自然环境和社会环境。一般生物的环境是由纯粹的自然存在物构成的，这种纯粹的自然环境是人与动物共有的环境，是人与动物生存的基础，离开了它，人和动物都不能生存下去。然而，自然环境毕竟只是人类生存和发展的一个基础，真正给人的身心发展以巨大影响的是社会环境。社会环境是人类社会所特有的环境，它由人生活于其中的各种社会条件、社会关系、社会意识形态以及经过改造的自然等因素构成。社会环境决定着人的社会化程度，决定着人身心发展的内容、方向和水平。

教学环境则是教学要素存在于其中，并能影响受教育者发展的一切外部条件的综合。它有广义和狭义之分。从广义上说，社会政治经济制度、科学技术发展水平、社区文化、家庭条件以及亲朋邻里等，都属于教学环境，因为所有这些在某种程度上都制约和影响着教学活动的成效；从狭义上说，即定向于高职教学活动而言，主要是指高职教学活动的时空条件、各种教学设施、教学设备、校风、班风、师生关系、心理环境等。

随着教育信息化的发展，教育环境发生了很大的改变，教育环境从传统课堂发展到信息技术应用空间，形成了信息化教学环境。信息化教学环境可以理解为在教与学的实践活动中，所涉及的系统化的信息技术设施、布局、应用条件等，即实现教学信息呈现与教学资源共享、有利于学生主动参与和协作讨论、有利于信息反馈和教师调控的现代化教学环境。随着多媒体技术和网络技术的发展，高职的信息化教学环境大为改善，为教师运用现代教育理论、教学模式和教学方法提供了优良的支持平台，十分有利于高素质、创造性人才的培育与成长。

（二）信息化教学环境的作用

信息化教学环境应该是能满足培养学生的信息素养，同时应能起到如下作用：

第一，提供现代学习资源设计、开发的条件。现代学习资源主要是指录音、电影、电视、计算机等现代教学媒体，包括硬件和软件。这些现代教学媒体的设计、开发，应该由专门的研究与生产部门去进行，但对于一些高职院校，应该具备部分现代教育媒体设计与开发的条件。

第二，提供现代学习资源利用的条件。高职院校应为多种多样的现代教学媒体运用于教学活动提供条件。这是信息化教学环境建设的重点，它的建设范围渗透到校园教学环境的各个方面。如在校园环境中，信息网络能实现信息资源的共享与利用；在教室环境中有多种媒体组合的课堂教学环境；在图书馆环境中有视听阅览室；在实验室、实践基地环境中充分利用现代媒体技术强化教学活动的功能；在社会与家庭环境中，通过建立信息网络，利用各类信息提高教学活动的质量与水平等。

第三，提供现代学习过程设计、开发与利用的条件。现代学习过程是指在现代教育思想与理论指导下，运用现代教育媒体去开展的学习进程结构。从另一角度被称为新型的教学模式。信息化教学环境要为创建现代学习过程或新型的教学模式创造条件。

第四，提供学习过程和学习资源的现代管理与评估条件。包括应用现代科学理论与技术成果，建立高职教学信息管理，如教育电视监控、计算机教学管理、校长办公室教学管理等；学习资源检索与管理，以及教学信息的反馈分析和学生考试评分等。

信息化教学环境不仅是高职教学环境的一部分，还是在教育现代化进程中，需要加速建设的部分。因此它的建设必须与一般的教学环境建设密切结合，如此才能充分发挥其在教学活动中的功能与作用。同时，虽然信息化教学环境在高职中是一个独立的环境体系，但它必须依赖全国性和地区性信息化教学环境，并与其密切联系、相互补充，如此才能发挥更大的功能与作用。

（三）信息化教学环境建设的功能要求

对教育技术教学环境的功能基本要求是：

第一，有利于开展多种媒体组合教学。如多媒体综合教室，将传统的黑板（白板）和多种现代媒体（录音、录像、影碟、多媒体计算机等）组合成一个有机系统，大大方便了教师开展多媒体组合教学。

第二，有利于教师对教学过程的调控。这意味着在教学中教师既能方便地动手去操作各种媒体，又能及时获得学生的反馈信息并以此调控教学过程。

第三，有利于学生的积极参与和学习主体作用的充分发挥。使学生能利用多种感官，主动获取信息，加工信息，形成自身的知识结构与能力。

第四，有利于开展个别化学习。这意味着提供学习资源的数量要多，传输技术要先进，以便学生根据自身需求进行有效的个别化学习。

第五，有利于多种学习资源的利用和资源的共享。这意味着要建立高职院校的学习资源中心和信息传输网络，以实现资源的共享和充分利用。

第二节　高职教育中信息化教学的应用

一、高职院校的信息化教学资源

（一）高职院校信息化教学资源建设的意义

高等职业教育的目标是培养学生成为生产、建设、服务和管理需要的高技能一线人才，使他们成为组织、管理、生产的高新技术人员，能够操作、调试及维护高新技术设备，解决生产过程中的高技术实践问题；高职教育的特点是突出"能力"本位；职业教育的本质是培养学生的创新能力和创新精神。因此，信息化教学是信息时代高职院校发展的必然趋势。

信息技术教学是教学资源利用的必然途径。教学可以使整个教学过程中的信息资源实现高效实时共享和科学管理，最终提高整体教学水平。教学资源的信息化建设将成为衡量信息技术发展水平的重要方面。

（二）高职院校信息化教学资源建设改革的策略和方针

第一，以信息技术为指导，改变传统的教学管理思想。信息化教学是指在教学过程中，用现代信息技术来促进教育改革和发展。各高职院校领导应转变观念，认真学习和熟练掌握网络信息技术并将其应用于教学活动中。加强教育信息化的领导是信息化教学的重要环节。

第二，切实加大教学中硬件和软件的投入，以改善现有的设施，从而满足信息化教学资源建设发展的需要。高职院校领导应积极参与创建信息技术教学的环境，加强教师和教学管理人员的技术培训，鼓励教师采取多种教学模式，在信息技术条件下利用多媒体进行教学。同时，依托信息化技术平台，对教学大纲、课程和教材信息、教师和学生信息等教学管理信息进行整合，建立科学合理的学习管理系统和完整的信息化教学资源体系，促进高职院校信息化教学资源的建设。

第三，提高信息技术教学管理队伍的整体素质，增强团队的凝聚力，同时加强主要管理人员和骨干教师的管理，防止人才流失。教师是建立教学资源管理的核心部分，高职院校应注重教师的"双师型"结构的建设，加强专兼结合的专业教学团队建设，以适应人才培养模式改革的需要。教师应树立现代化教育观念，注重加强自身素质的提高，教学中多采用新技术开发课件。教学管理人员应掌握信息技术并将其应用于教学管理过程中。这不仅可以节省时间和资源，而且还可以提高教学管理的效率与质量，为高职管理的科学化、规范化、信息化、技术化提供了强有力的支持。只有对信息化教学资源的管理更规范、更科学，教学资源才能更有力地为信息技术教学提供强有力的保障。

第四，培养学生树立现代学习观念，引导和培养学生养成自主学习、自主通过现代网络信息平台获取信息的习惯。教育学生树立终身学习的理念，提高学习能力，学会交流和团队合作，提高学生的实践能力、创新能力、就业能力和创业能力。鼓励学生使用信息化资源，能把网络上的学习信息最终转化为自己的知识体系，为以后的学习和工作打下坚实的基础。

二、高职院校课堂信息化教学的改良

（一）高职院校课堂信息化教学改良的原则

1. 理论性原则

课堂教学进行信息化改革后教学资源的本质并不改变，教育的目的仍然是为社会培养技术型人才。教学的内容要明确学生所要学习的技能是什么，同时教师所教授的知识技能应当满足社会的用工需求。理论性的知识在教学过程中是必不可少的，也是所有学科的基础。

2. 实践性原则

高职院校对于人才的培养，更多的是培养具有实践能力，能够独立完成某项技术工作的人才，因此在进行理论教学之后，更重要的是对学生进行实践能力的培养。信息化课堂教学的实践性，就是通过课堂上的实操过程，让学生直观地了解到所学知识的应用方法。

3. 交互性原则

高职院校信息化课堂教学的建设，更加注重学生与教师之间的交互性，打破传统以教师为主体的模式，教师在课堂上只是辅助学生学习，学习的主体是学生，教师的主要作用是鼓励学生积极利用一切可利用的资源，特别是网络资源进行学习。教师可以面对面地进行学习指导，也可以通过网络在线的形式为学生进行答疑解惑。

4. 动态生成性原则

信息化课堂教学的目的是要让学生能够主动地去学习，而这就需要高职院校在进行信息化课堂教学建设时遵循课程的动态生成性原则。学生通过教师的引导，主动地去探寻课程的知识，利用自己已有的知识来完善整体的知识架构，并从中体会到自主学习的乐趣，从而激发出更大的学习热情。

5. 互补性原则

课程学习的内容是多样的，那么课程的呈现方式也应该是多种多样的，教师可以利用视频、图片、文字等不同的表现形式使课程变得有趣生动，从而弥补课程本身的枯燥性。在教学过程中，教师要以课堂讲解和自主学习相结合、相补充的方式进行。在课后，学生也可以通过网络，搜索更多的课业资源来对课上的内容进行补充。

6. 学生中心原则

无论是传统的教学模式，还是新型的信息化教学模式，学习的主体都是学生。课程的设计要体现以学生为中心的原则，信息化课堂教学的建设也应有学生参与其中，这样的设计更能贴合学生的自身特点，对提高教学质量和教学效率有着重要的指导意义。

7. 立体化原则

高职院校课堂信息化教学的建设，其主要目的是满足不同层次学生的学习需求，不仅包含不同水平的学生，还要针对学生不同阶段的学习需求进行设计。教师的教学方式要遵循立体化的原则，使课堂教学的形式日渐丰满起来，在注重教学细节的同时，完成相应的教学目标。

（二）高职院校课堂信息化教学改良的重点

1. 提高教师对信息化教学理念的理解

高职院校需要通过利用信息化教学，把现代化和信息化的优势充分应用到教育教学工作中去。因此，必须提高教师对信息化教学理念的理解，让一线教师从内心感受到现代化和信息化融入教学工作的明显优势。只有教师切身体会到其中的好处，教师才会自发地把信息化教学应用到教学工作中去。

高职院校应该成立专门的信息化教育推广机构，对广大教师进行培训，帮助教师提高信息技术的运用能力，调整教学方法；同时，结合高职自身特点，制定相应的规章制度，推进信息化教学的普及工作。

2. 加强学习资源共享建设

加强对高职网络教育资源的统筹、协调和管理。高职院校应建立专门的教育信息化教学资源共享平台，针对各学科、各专业的教育资源进行归类、整理、加工，提供权威的教学信息资源，将教师的智慧以电子版的形式进行师生共享，方便教师及学生进行查找、搜寻相关的资料。

3. 建立完善的信息化教学激励机制

应当建立完善的激励机制，进一步激发教师的创新热情，保证信息化教学能够长久高效地开展下去。激励方式主要包括两方面：一是可以通过物质奖励、荣誉称号、年度考核、晋升、评优等方式进行鼓励；二是通过开展一些竞赛活动，营造良好的教育教学气氛，调动教师对信息化教学的学习热情，使教师真正地把信息化教学融入教学工作中去。

三、高职院校课堂信息化教学发展策略

（一）教学内容立体化建设

1. 教学目标

在信息化教学的建设过程中，课堂教学目标的确立是十分关键的。课程的设计首先要有明确的教学目标，而且教学目标不能仅停留在理论阐述的层面，还要将其

与教学实践相结合，根据现代教育理论中对知识、技能、情感态度价值观的要求，制定切实可行的教学目标，并通过教学目标逐步开展教学工作。由此一来，教师的课堂教学也更容易开展，有的放矢。

2．思维点拨

在课堂教学中，不管是以前传统的教学方式，还是现如今信息化的课堂教学方式，教师对学生的引导都是必不可少的。思维点拨可看作教师在教学过程中对学生学习上问题的引导，是教师在学生对提出的问题无法回答时进行的指导过程。信息化课堂教学与传统教学的不同之处在于，教师要做的是只对学生进行思维点拨而不是代替学生思考，将思考回答问题的权利还给学生。在学生回答不出问题的情况下，教师应通过各种方式方法引导学生借助网络、书籍或是小组讨论的方式形成个人的见解，从而得到问题的答案。

3．知识构架

在课堂学习中，一节课的内容往往有很多，而以往的教学方式中，课上教学只是简单的知识堆积，学生理解记忆起来有困难，也不便于复习。信息化课堂教学内容中很重要的一点是建立起知识构架，既便于学生理解记忆，也有助于学生在课外进行自主学习，从而帮助学生提高学习效率，达到理想的学习效果。

4．资源开发

信息化课堂教学建设的目的是培养学生自主学习的能力，而要做到自主学习，学生在学习过程中就要主动地去发掘与课程内容相关的知识，举一反三。教师在教学过程中进行"资源开发"的设计，就是帮助学生对所学的知识进行拓展。教师可以利用网络搜索更多的学习资源，可以是素材库也可以是网络课程。

5．三维评价

信息化课堂教学建设要求对学生和教师的评价包含过程性评价和结果性评价两方面，这两方面又是分别来自学生、教师和其他团队成员的综合评价，概括来讲就是"三维评价"。三维评价注重的是学生的综合评价，而不只看重学生的分数成绩，对学生学习过程的评价也是很重要的一部分。

（二）媒体资源建设

信息化课堂教学在信息化的基础上构建起教学资源库，以方便教师在教学过程中搜集课程资料，而教师在课程教学过程中用以展现教学内容的方式又是多种多样的。目前，教师教学最常见的教学形式是以 PPT 课件的形式进行授课，另外还有影视资料、图片资料、实物模型等资源可供选择。无论是影视资料，还是 PPT 课件、图片资料等，都可以在线与学生进行交流分享。教学资源库的建设不仅方便教师对资料进行管理，也为学生在课下的学习提供了便利。信息化课堂教学主要以媒体教学资源为主，而媒体教学资源又有着多种形式。

1. 电子教材

在新型授课模式下，以电子设备为载体的课件教材越来越为学生所接受。智能手机、平板电脑等的更新换代越来越快，设备的功能也越来越强大，电子教材正逐渐替代了传统的纸质教材，所以，高职院校信息化课堂教学的建设要建立起合理的电子教材库，以供学生自主学习时下载使用。

2. 电子教案

相对于电子教材，电子教案也是一项必不可少的存在。教案是教师进行课业传授的依据，随着课堂信息化进程的推进，传统的纸质教案在逐步进化为电子教案。电子教案在教师教学过程中的便利性自不必说，其形象生动的展现方式也深受学生的喜爱。电子教案的使用使得教师的教学变得简洁明了，但是电子教案也并不是完美无瑕的，其产生的教学成本较大，教学手段也比较单一，因此，对于电子教案的使用还需进一步完善，以便满足学生的需求，符合教学大纲的要求。

3. 电子课件

教师制作课件是为了能更形象生动地展示课堂上所要呈现的教学内容。课件的制作需要使用专门的软件，教师只有具有一定的计算机基础才能很好地使用软件来完成电子课件的制作。值得注意的是，在视频播放过程中，教师要在适当的时间针对视频中所提到的知识点加以讲解并提出问题，再给予学生充足的时间对问题进行讨论，让学生能够在相互交流中独立完成课堂任务。

教师所担任的不再是知识的搬运者，而是学生思维的开发者，让学生在学习生活中变得更有自主性、独立性与创新性。这也是适合时代发展的一种新型的教学模式。

四、高职院校课堂信息化教学的具体实施

（一）针对高职教育特点，筛选信息化教学资源

高职院校与其他高等院校在教育方面存在不同，具体表现在以下方面：

第一，高职院校的培养目标是培养技术型人才，学生在毕业步入社会时除了具备所学专业的理论知识之外，更重要的是能够在岗位上解决实际的生产、服务或者管理一线的实际问题。

第二，高职教育培养手段多种多样。高职教育培育出的人才都是实战型人才，因此在教学过程中，除了理论知识的传授，教师更多地带领学生进行大量的实习和实践活动。在高职院校短短几年的学习时间里，教师需要通过不同的教学方式，让学生全方位地了解自己所学的专业。而了解的最好办法就是到工作的一线岗位亲身体验一下。当然，不同的课程，不同的教师，其教学方式也不尽相同。目前，在课堂信息化教学建设逐步推进的情形下，教学手段更多地采用现代化的计算机技术和多媒体技术等。比如当下比较流行的"微课"。微课是信息化时代背景下，利用互联网传播零散知识信息的一种新模式。在现在的高职院校中，不论什么专业，学生需要掌握的知识点都是非常零散且繁重的。通过微课这样一种方式，对不同的知识点进行拼凑与梳理，教师可以在不同的时间、地点进行解惑，学习也不再是固定、僵化的模式，而是无处不在的学习，这对传统教学模式就是一种挑战。

高职院校推进课堂教学信息化建设，除了提供专业的"必需、够用"的学习资源，更重要的是为学生形成资源型学习模式和掌握技能的应用做准备，如虚拟实验场景视频和现场操作视频，以及动态的、最前沿的相关专业技术等。

（二）优化信息化教学过程，使教学课程立体化

第一，从系统方法的角度，认识高职院校的信息化课堂教学的开发和利用。对高职院校的信息化课堂教学的设计、实施方案，采取宏观调控的方式，以达到准确的步骤、操作标准和相应的规范，从而保证资源的整体质量。从高职信息化教学的发展及其利用的广度、深度和高度，探讨高职院校课堂教学的信息化建设和使用中的技术选择并具体实施。

第二，从内容体系的高度，对高职院校信息化课堂数字教学方案进行改进。教师和学生的角色定位在数字和网络化的教学环境中已经完全改变。高等教育教学内容体系建设的指导思想影响着教学资源的选择。因此，在对信息化教学资源和高职教育体系的内容进行选择的同时，还要关注学习过程的反应，让知识管理理论作为指导思想，使学生和学科建设的后现代课程观、对话理论和现代教育理念得到充分改进。

第三，重视高职院校信息化课堂教学的情感互动。目前，大多数网络教学资源建设过于强调知识的交互设计，忽略了情感互动，学生容易产生倦怠。以学生为中心的课堂教学，应充分调动学生的积极情绪和情感体验，这样才能促使学生不断地学习，积极参与学习过程。

（三）实训视频实时交互，增强课堂教学互动性

高职院校三维网络教学资源建设的目的是有效地辅助课堂教师教学，促进学生的学习。基于主题教学视频的实践，对教学的实施和学生自主学习的发展都能够起到很好的促进作用。而将传统的实训视频变为可以进行实时交互的实训视频，更提高了课堂教学的互动性，也为校企合作、社会资源共享打下了基础，不失为一种有效的方法。

1. 实训视频使信息化课堂教学更具专业性

高职院校的课程开设是根据专业的不同而分门别类进行设置的，在进行课堂信息化教学建设时，专业课教师可以根据专业知识的重点和难点在网络上找到相应的实训视频，通过视频对学生进行讲述。视频教学是一种非常直观的学科知识教授形式，特别是对于高职院校的学生来说，多数的专业技能需要不断地与实际相联系才能掌握。实训视频教学，是学生学习本专业相关技能时一种简单有效的教学方式，对于一些无法通过语言表达的实际经验，实训视频的存在无疑解决了这一难题，对于提高学生的学习效率发挥着重要作用。

2. 实训视频建设有利于立体化网络教学资源环境的建设

实训视频采取了应用聊天软件进行实时实训教学的模式，学生在实训教室中，手边就是实训设备，同时与视频中的企业工程师或其他院校的教师等进行实时互动，遇到问题及时解决，碰到困难当场讲解，真正实现了高职院校立体化网络教学资源的建设，达到了根据需求去完善现有应用建设的目的。

第三节　高职教育信息化资源共建共享

一、高职信息化资源共建共享现状

高等教育信息化资源可以理解为：应用计算机技术、通信技术及网络技术等手段，以数字化形式呈现的高职教育内容及教学辅助拓展的课程资源、学习资源、信息化工具及作为技术载体的服务平台的总和。资源建设是依据用户需求，经过系统规划、设计、开发、选择、收集资源、形成资源体系的过程。共建强调的不仅是建设，而且是多方参与，如此才能体现"共"的含义。共建只是行为，是动作的进行，其目的在于"共享"，也就是提供资源服务。目前，我国高职信息化资源共建共享现状如下。

（一）资源数量

20 世纪 90 年代，教育信息化的概念被提出。基于高职教育的自身特点，从教育信息化的概念中引申出了高职教育信息化这一说法。最初资源的发展大致始于 20 世纪 90 年代，从计算机辅助教学（CAI）资源的建设开始的，多是简单的纸质教材或者教辅材料的电子化，类似文字教材搬家、挂图搬家。此时的资源仍是传统教学模式下以演示性为主的分散资源，对教学的作用也多为辅助作用，没有大规模进入教学的主战场——课堂。

20 世纪 90 年代末，资源开始形成"库"，意味着结构化资源的建设展开了。由于数据库涉及库结构的同构异构问题、接口问题，因此，相应的资源库建设标准提上了研究日程。不同资源建设者只有遵循相同的建设标准，才能保障不同资源库之间实现资源共享。

经过长期努力，目前，我国已经在数字教育资源开发与应用方面取得了重要进展。开通了职业教育资源网，建立了职业教育教学资源信息库，促进了资源汇聚与共享。基础设施建设也有了长足发展。

随着资源海量地增长以及用户的需求日益精细化，一般的资源库已经不能满足共享的要求。随着云技术与大数据的发展，高职教育信息化资源的建设正朝着平台与公共服务体系的方向发展，网络使资源的建设不再是单向的，而是多向互动、生成性质为主的形式。资源的使用者也能建设资源，共建共享、互为融合成为新趋势。

（二）网站层次

1. 国家层级网站

现代高等职业技术教育网，是一家大型的专业类网站，是国内最早专业介绍职业的发展和建设，以及专业指导职业类的门户网站，旨在引导广大学生和家长正确认识高职院校，树立良好的高职高专院校的品牌形象。

中国职业技术教育网，是我国首家职业技术专业网站，其通过围绕中心、服务大局、紧贴基层，力图以理论创新引领实践创新，把网站办成宣传职业教育大政方针的阵地、展示职业教育改革和发展成果的窗口、剖析职业教育重点难点问题的论坛、与职业教育有关机构沟通和交流的桥梁。

中国职业教育与成人教育网，由教育部主管、教育部职业技术教育中心研究所主办，是教育部《面向 21 世纪教育振兴行动计划》中现代远程职业教育与成人教育资源建设项目的重要组成部分，也是教育部教育信息化建设规划的一个重要内容。

2. 行业、院校层级网站

目前，国家有上千所高职院校，其中有上百所示范性院校，行业范围覆盖农、林、牧、渔等大类。这些院校基本实现了网络全覆盖，大部分都建有本校的校园网，少部分与城市局域网互联。网站实现了综合信息发布、资源目录搜索等基本门户功能。

（三）不同层级资源网络的横向沟通方式

信息的任何组织与传播的管理，都是与信息沟通分不开的。法约尔的跳板理论说明了工作效率和顺序优先时，管理和层级顺序之间的横向沟通，更能完善信息协调。因此信息交流可以克服层级顺序纵向沟通的低效，通过横向直接接触，加快信息沟通的速度，更好地促进各部门之间的相互合作与协作。

具体到不同层级的高职教育信息化网站中，根据沟通主体是否来自同一部门可分为：同一部门内的横向沟通、不同部门间的横向沟通（部门管理者间的沟通、部门管理者和其他部门员工之间的沟通、不同部门员工间的沟通）。根据沟通主体是否来自同一管理阶层可分为：同一层次中成员间的横向沟通、处于不同层次的没有隶属关系的成员间的交叉沟通。主要采取的沟通方式有决策、咨询会议、备忘录、技术链接等。

二、高职院校教育信息化资源共建共享目标及对策

（一）高职教育信息化资源共建共享目标

1. 总体目标

依托计算机网络和其他先进的信息技术，建立一个融信息资源共建、共享于一体的高职教育资源服务体系，促进公共信息资源共享和开发利用，提升公共服务信息化水平，最大限度地满足用户对高职教育信息资源的需求，推动高职教育信息化水平不断提升，带动高职教育现代化，为培养具有综合职业能力的，为生产和管理第一线服务的，应用型、技术型高素质就业者服务。

2. 具体目标

（1）建设高职教育资源地

具体包括高职教育专业学习和社会服务资源。专业学习含有专业、课程、微课堂、培训和企业案例、资源中心等教学资源；社会服务应含有校企结合、文献信息

导航和社会服务几大部分。

（2）建设教育信息化公共服务平台

教育信息化公共服务平台建设的核心理念是公共服务。因此在技术的选择上，需要聚合依托先进的网络技术，多终端、广覆盖，开展高职教育资源建设，服务多元化的学习用户。真正使现代信息技术深度融入高职教育教学中，让高职师生普遍用、喜欢用。

（二）高职教育信息化资源共享建设的发展对策

面对新经济形势下职业教育发展的要求，高职院校可以通过信息资源共享平台建设，推送优质教育资源，完善机制设计，以更好地服务于高职教育教学与管理，形成信息技术与教育教学相互支撑的良好局面。

1. 完善系统设计

高职教育信息化资源建设在整体设计时，应全面考虑内容功能以及使用方法等，要完善资源搜索，提供普遍性与个性化相结合的服务。通过对学习者学习记录的测评，推送适合的资源辅助学习。建设资源时，要做到资源库与资源池建设相结合。资源库是结构化的资源集合，能够提供示范引领专业资源建设。而资源池是颗粒度较小的非结构化的资源素材、碎片的集合，由于颗粒度较小，可以方便组合，无论是建设者还是使用者都易于利用。示范性课程是资源库的骨架，能够按照某种逻辑把碎片化的资源串接起来，这个逻辑编排是否合理，反映了教学改革是否到位，是否符合学生的认知规律和习惯。所提供的资源一定要远多于教学所调用的资源，既能支撑资源使用者直接共享资源，又能支持其自主重构组合资源，成为资源的建设者，从而服务于其他用户，也就成了生成性资源的提供者。

2. 坚持需求导向

在高职教育信息化资源建设方式上应以需求为导向，坚持应用驱动，规范专业化流程。成立由课程专家、教学和科研人员组成的专业团队进行资源的开发制作。以第三方评价与反馈体系定期评估资源内容与用户需求的符合度。另外还要成立负责支持服务的专门团队，解决技术问题，确保资源建设高效开展。

信息化资源建设的最终目的是能够为学习者所应用。因此，信息资源库要提供可以随意组合的知识，形成颗粒度较小、海量存储的资源池，通过不断丰富网上资源池，实现资源按需要进行重组与整合。特别要立足于高职教育特点，构建以岗位需求为依据的实训资源平台，为高职教育的实践教学提供条件和保障。在此过程中，要鼓励教师与信息化技术人员积极合作。

同时，各高职院校间应畅通信息化资源互换渠道，探索资源交换、交流和交易机制。可以组建共建共享联盟，即由与高职教育教学资源建设与应用有关的单位，如院校、学会、协会、研究机构、行业企业等，在自愿的基础上组成战略联盟群体。联盟内院校基于资源库实现学分互认，鼓励学生使用资源库学习。学生可以利用资源库学习示范性课程，最终接受统一测评，考核通过后认定学分。以此推动资源库的广泛持续使用，避免资源的重复建设。联盟内的成员单位还能发挥互补、协同、集成、融合的优势，共同推进高职教育信息化资源的共建共享。

3. 遵循资源生成原则

资源公共服务平台是汇聚共享教育资源、衔接建设与应用的重要载体。由于高职教育的特殊性，教与学的互动过程中，网络教育社区的交流中，都会形成大量的生成性资源。为此，要按照若干原则生成与应用这些资源，如此才可能最大限度实现资源的集约共享，推动资源建设与使用良性互动，形成面向课堂、面向教学、面向师生的资源服务云模式。

（1）开放性原则

共建共享的开放性表现在以下方面：面向全部高职院校，即每所高职院校共享自己的优质资源，打破高职院校、地域间的壁垒；面向全社会，即吸引非教育部门和大众的参与，如科研机构、博物馆、科技馆、图书馆、出版社、非教育技术企业等；面向全球，即使用全球范围内的（免费）优质资源，不重复开发；面向各种技术平台和资源类型（如课件、教案、学生作品、汇报、教学日志等的共享），便于整合。

（2）可持续性原则

提高教育资源信息化整体应用水平可持续性，避免孤立、短命的开发立项，彻底消除信息孤岛。资源采集采取分布性；资源建设要吸收用户参与；资源的共享在使用中生成用户评价和推荐，在使用中评估教育要素和数据共享。

（3）创新性原则

以新型资源支持创新学习，将资源的创新性建设与共享作为开发和研究的重点，支持学生学习，支持教师学习。通过资源共建共享，教师能够基于探究，成为共同学习者和合作思想家；学生能够了解、分析自己在各学科领域的学习情况，为知识建构搭建支架。在创新性原则的指导下，师生能够增进对资源生成与应用的理解和实践，推动教师的专业成长与学生的全面发展。

（4）合法性原则

在高职资源建设中涉及版权、个人隐私及内容分级等问题。应严格遵守版权法规，对版权的使用应持谨慎态度。对于优质资源，可以采取购买版权的方式。如果经费紧张，还可以使用自由版权等。

随着信息技术的发展以及我国高职教育改革的逐渐深入，高职教育信息化资源建设方式、手段必将不断丰富，信息化资源建设的步伐也将持续加快。

4. 促进资源均衡共建

高职教育信息化资源的建设与共享需要关注并应用云计算和大数据等技术。基于大数据进行数据挖掘与学习分析，以云计算为架构、平台集中管理，资源共建共享，摒弃信息孤岛，形成教育大数据，并对其进行收集、分析和整理，从而推测出更精确的数据，为因材施教、个性化学习提供支撑。围绕创新型人才培养开展大规模在线研究性学习平台建设，构筑智慧教育核心组件，为未来大数据挖掘和完善服务体系提供技术支持和资源保障。

云的核心特征是资源共享、弹性计算、自服务、普适性和基于应用定价。私有云、公共云和混合云是云部署的三种常见形态。应用云计算可以提高信息化资源的整合力度，降低资源建设的基础设施费用和运营成本。这一过程需要经历构建云环境、管理和整合云环境以及传输云服务三个环节。最终目的是汇聚最佳云解决方案，帮助组织获得信息资源服务，真正实现高职教育信息网络的互联互通，提高资源的利用效益和安全稳定性。

大数据的主要价值在于帮助人们做一些现实中不可能做到的事情。例如在资源共享时采用"数据分析成熟度"的模型，将数据分析的成熟度定义为数据采集和基本分析、数据整合和统一、业务报告和分析、预测分析和认知分析五层，这五层呈现出上小下大的金字塔形状。这五层的目的就是从各种各样的数据类型中获取有价值的内容，通过分析共享资源的用户行为及其应用数据，预测其未来的应用走向，从而实现资源服务的主动推送，更大程度地发挥资源效益。大数据所展现出的惊人的分析和预测作用，能够极大推动教育信息化资源的有效应用。

目前全国已经建立了一些数字化教学资源库。从高职教育国家级专业教学资源库项目获取的数据统计分析可知，只有加速建设国家教育资源库，才能实现全国互联互通、资源共享。国家级资源总集，必须是结构合理、重点突出、更新及时、共享高效的，而且应该覆盖重点专业课程、高职教育各类院校的主要专业门类，以及行业企业在职职工培训、社会成人教育等多方信息资源。

参考文献

[1]孔风琴.高校教育教学与教学管理的实践探索[M].长春:吉林人民出版社,2018.

[2]张晓蕾,司建平.新时期高校教育管理创新研究[M].长春:吉林科学技术出版社,2018.

[3]赵静,张毅驰,廖诗艳.高校管理与教育理论[M].长春:吉林人民出版社,2018.

[4]马力.新时期高校教育管理理论与实践[M].长春:吉林人民出版社,2018.

[5]汪文娟,何龙,杨锐.高校教育管理创新研究[M].北京:北京工业大学出版社,2018.

[6]郝岩.我国高校教育创新管理的多元化研究[M].北京:新华出版社,2019.

[7]王荔雯.移动互联网时代高校教育管理模式改革与实践研究[M].北京:中国原子能出版社,2019.

[8]林榕.大数据背景下高校教育管理信息化发展与创新研究[M].长春:吉林大学出版社,2019.

[9]丁兵.当代高校教育管理研究[M].西安:西北工业大学出版社,2019.

[10]丁阿蓉.高校教育管理与教师专业发展研究[M].长春:吉林出版集团股份有限公司,2019.

[11]陈晔.新时期高校教育管理实践研究[M].北京:现代出版社,2019.

[12]关洪海.高校教育管理与创新实践研析[M].北京:冶金工业出版社,2019.

[13]郭晓雯.高校教育教学管理创新发展研究[M].北京:北京工业大学出版社,2019.

[14]陈民.高校教育管理创新与实践[M].长春:东北师范大学出版社,2020.

[15]刘娟.高校管理与教育教学实践研究[M].长春:吉林教育出版社,2020.

[16]丰晓芳,魏晓楠,陈晶.高校教育管理研究[M].长春:吉林出版集团股份有限公司,2020.

[17]宋丽萍.新媒体环境下高校学生教育管理工作创新研究[M].长春:吉林大学出版社,2020.

[18]胡凌霞.高校教育管理理念与思维创新[M].长春:吉林大学出版社,2020.

[19]吕村.高校教育管理与教学研究[M].长春:吉林文史出版社,2021.

[20]刘思延.高校教育教学管理实践与创新发展[M].哈尔滨:哈尔滨出版社,2021.

[21]梁丽肖.教育信息化背景下高校管理机制探究[M].长春:吉林人民出版社,2021.

[22]卢保娣.大数据时代高校教育管理及其信息化建设[M].长春:吉林大学出版社,2021.

[23]赵莉莉.新形势下高校人才管理及素质教育创新研究[M].延吉:延边大学出版社,2021.

[24]王炳坤.高校大学生管理教育与校园文化建设[M].长春:吉林出版集团股份有限公司,2021.

[25]王慧.现代教育理念下的高校教育教学管理研究[M].北京:化学工业出版社,2021.

[26]刘德建.智能技术促进高校教育教学创新研究[M].北京:科学出版社,2022.

[27]刘自匪.大学教学创新的追问与思考[J].林区教学,2010(12):1-3.

[28]周正,董晓航,马影.高教强省理念下的大学教学创新模式研究[J].黑龙江高教研究,2013(6):19-20.

[29]周正.高教强省理念下的大学教学创新模式研究[J].国内高等教育教学研究动态,2013(23):4.

[30]徐岚.大学的教学创新:MOOCS给我们的启示[J].全球教育展望,2014(2):72-81.

[31]刘磊.我国大学教学创新文化构建的必要性和路径研究[J].长春工业大学学报(高教研究版),2015(2):4-8,67.

[32]张秀芳.关于大学教学创新的几点思考[J].现代教育科学,2015(6):113-117.

[33]杨楠."双一流"建设下的大学教学创新——知识体对高质量教学的促进作用[J].北京教育(高教),2017(11):49-51.

[34]李文涛.基于"多元融合"构建理念的应用技术大学教学创新团队策略研究[J].天津职业院校联合学报,2022(11):46-49,54.